AF464946

SOUVENIRS INTIMES

DE

L'AMBULANCE MOBILE

DE LA COTE-D'OR

SOUVENIRS INTIMES

DE

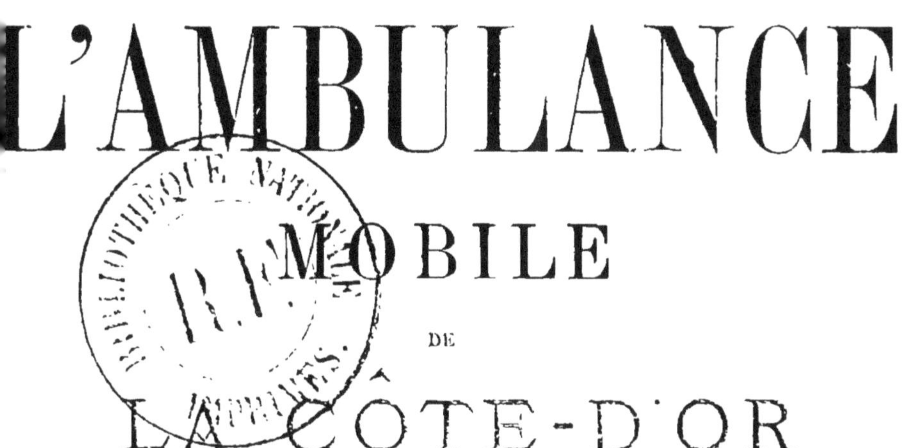

L'AMBULANCE MOBILE

DE

LA CÔTE-D'OR

BIBLIOTHÈQUE NATIONALE R.F. IMPRIMÉS

CAMPAGNES DE LA LOIRE ET DE L'EST

1870-1871

Par le Docteur H. DUGAST

Chirurgien en Chef

DIJON

SE VEND CHEZ J. MARCHAND, IMPRIMEUR

ET CHEZ TOUS LES LIBRAIRES.

—

1871

A NOS BIENFAITEURS

Veuillez accueillir la dédicace de cet opuscule avec une indulgence égale à la confiance et à la bienveillance dont vous nous avez honorés. Cet hommage est bien tardif, puisque c'est aujourd'hui le premier anniversaire du départ de l'ambulance ; mais le Rédacteur de ces souvenirs s'empresse de faire valoir pour excuses, qu'étant voué à la pratique médicale, son premier devoir consiste à ne pas faire attendre ceux qui souffrent ; que sa plume était immobilisée et même enchaînée par la présence de l'étranger en armes, impitoyable et sans générosité, qui doit enfin cesser de fouler la capitale de la Bourgogne ; et que d'ailleurs il pouvait compter sur la fidélité de sa mémoire, où sont gravées avec douleur les souffrances de nos armées, et avec reconnaissance les sympathies qu'a rencontrées la jeune ambulance confiée à sa direction sexagénaire. Cette double partie de sa tâche fournissant aux sentiments l'occasion de s'épancher et aux impressions de voyage celle de se produire, lui a permis de bannir de ce récit, *dont il est seul responsable,* la sécheresse d'un simple compte-rendu.

Dijon, le 22 octobre 1871.

AVANT-PROPOS

Les devoirs d'un Chirurgien en chef d'ambulance mobile comprenant celui de rédiger un journal de campagne, je viens m'acquitter de cette obligation que j'apprécie comme un honneur. En indiquant les étapes trop souvent douloureuses de notre itinéraire, et en signalant les principaux faits qui s'y rattachent, je ne prétends pas mettre en relief les services rendus par une ambulance simple et même incomplète dans son organisation, modeste dans son personnel, et qui n'a fait que remplir son mandat en recherchant et saisissant l'occasion de faire le bien. Je me propose d'ajouter un témoignage à ceux qui démontrent avec plus d'autorité, combien les ambulances mobiles, fondées par la Société française de secours aux blessés, furent utiles et même indispensables à nos armées. J'espère consoler les personnes sous les yeux desquelles passera cette relation, en proclamant combien, malgré l'égoïsme général et l'abaissement des caractères, l'ambulance a rencontré sur sa route de bienfaisantes sympathies et d'encouragements exemplaires; et je saisis avec empressement l'occasion, depuis longtemps désirée, d'exprimer son inaltérable gratitude aux cœurs généreux et aux âmes élevées qui ont préparé, facilité, et honoré sa mission.

SOUVENIRS INTIMES

DE

L'AMBULANCE MOBILE

DE LA COTE-D'OR

> ....Quæque ipse miserrima vidi,
> Et quorum pars *parva* fui....
>
> Quiconque a beaucoup vu doit avoir *un peu* retenu.

I

Organisation de l'Ambulance.

C'est au désastre de notre armée à Sedan qu'on doit attribuer la création de l'ambulance de la Côte-d'Or. Les batailles meurtrières qui précédèrent cette capitulation de lugubre mémoire, avaient jonché le sol de blessés, dont beaucoup ne purent être pansés en temps opportun, malgré l'admirable dévouement des ambulances militaires et mobiles évidemment insuffisantes. Un gouvernement qui s'était imposé d'urgence sur les ruines de l'Empire écroulé sous le poids de ses fautes, et n'avait pas soulevé d'opposition parce qu'elle eût profité à l'ennemi, dont l'expulsion était le but suprême, avait décidé la défense de l'intégrité du territoire, et la création de nombreux corps d'armée. Il était donc indispensable de multiplier les ambulances mobiles, pour soigner les innombrables victimes des engins de guerre, et celles des graves maladies qui sévissent sur les armées. Paris qui jusqu'alors avait eu le privilége de fournir le personnel de ces ambulances, Paris était assiégé, et la société française de secours aux blessés de terre et de mer, dut faire appel au concours de la province, en commençant par ses villes les plus considérables. C'est ainsi que furent organisées à Lyon, Marseille et Montpellier, etc., des ambulances imposantes par l'habileté de leurs chirurgiens, le nombre de leurs membres, et leurs ressources en numéraire et en matériel, dont nous avons eu lieu de constater les importants services.

Il y avait une large place pour tous les dévouements ; le 1er octobre, M. Vernes d'Arlandes, l'un des principaux membres fondateurs de la société de secours aux blessés, délégué régional de l'Est, accompagné de M. le docteur Ley, délégué principal de la société à Mâcon, recevait de M. le maire de Dijon un accueil empressé, et obtenait la nomination immédiate d'une commission appelée à prononcer sur l'opportunité de la création d'une ambulance internationale mobile, à laquelle contribueraient les départements de la Côte-d'Or et de Saône-et-Loire.

Le même jour eut lieu la première réunion, dans laquelle M. Vernes d'Arlandes plaida la cause des blessés avec une telle élévation de pensée, et démontra d'une façon si entraînante l'urgence des secours qui leur étaient nécessaires, que sa proposition fut adoptée à l'unanimité, avec la restriction que le département de la Côte-d'Or constituerait son ambulance mobile, en réservant à celui de Saône-et-Loire une entière liberté d'action. Cette décision fut prise après une courte délibération, dans laquelle il fut démontré que le nombre des ambulances ne pouvait être trop considérable, si l'on tenait compte de la vaste impulsion imprimée à la défense nationale, et qu'il était convenable de laisser à chaque département la spontanéité de son dévouement, le libre emploi des dons en argent et en nature destinés aux blessés, et l'honorable indépendance de son ambulance, afin d'introduire dans son personnel l'émulation et l'harmonie, au lieu d'y implanter des germes de rivalité et peut-être de conflits.

Comme il importait de procéder sans retard à l'organisation de l'ambulance de la Côte-d'Or, M. Vernes d'Arlandes mit à la disposition de la commission, au nom de la société de secours aux blessés, une somme de 10,000 fr., à laquelle vint bientôt s'ajouter le produit de souscriptions qui furent ouvertes pour obtenir des dons en argent et en nature. Ce patriotique appel fut entendu par un grand nombre, mais surtout par le clergé de Dijon qui souscrivit pour une somme considérable. Je dois également une mention spéciale à Mme S. Marey-Monge, de Nuits, qui a bien voulu mettre à la disposition de l'ambulance deux beaux et forts chevaux pour toute la durée de la campagne, exemple qui eût certainement trouvé des imitateurs, si les événements militaires n'avaient imposé l'obligation d'organiser l'ambulance d'une façon trop précipitée.

En même temps, des communiqués furent envoyés aux journaux de tous les arrondissements, pour que ces derniers fussent représentés dans le personnel d'une ambulance départementale ; ce qui eut lieu de façon à réaliser le désir du comité, ainsi qu'on en trouvera bientôt la preuve dans l'énumération du personnel. Sur ce terrain, je retrouve encore M. le Supérieur du grand séminaire, offrant au nom de Mgr l'Evêque de Dijon, pour se dévouer aux fonctions d'infirmiers, une phalange de séminaristes, qui ne pouvant défendre leur pays les armes à la main sur les champs de bataille, aspiraient à le servir en pansant les blessures de nos défenseurs, et faisaient rentrer dans les rangs de l'armée autant de combattants. Ce choix d'infirmiers volontaires en dehors des cadres militaires, non-seulement garantissait leur dévouement, mais encore les recommandait à la considération et à l'estime des soldats, qui n'avaient pas le droit de soupçonner en eux des transfuges évitant de s'associer à leurs fatigues, à leurs privations, et à leurs dangers.

L'organisation matérielle si complexe de l'ambulance eut lieu rapidement, grâce à l'activité de M. Favre, délégué principal de la société de secours aux blessés, ainsi qu'à l'obligeant concours de plusieurs membres de la commission d'organisation, et surtout de M. le docteur Blanc, qui préludait au dévouement exceptionnel dont il a prodigué les témoignages, pendant les sanglantes épreuves auxquelles Dijon a vainement tenté de se soustraire.

Enfin l'ambulance se trouva prête à entrer en campagne. Les fonds de sa création et de son entretien, prévus et obtenus pour un mois, s'élevaient à 20,000 francs, et elle a fonctionné quatre mois et dix jours en n'en dépensant que 17,000, dont 3,700 pour ses frais de route. Je démontrerai bientôt comment le désintéressement de ses membres, et les sympathies dont elle a été honorée, ont opéré ce prodige d'économie financière.

Le personnel de l'ambulance comprenait trente-trois membres, savoir :

Un chirurgien en chef :

M. le docteur Dugast.

Trois chirurgiens-majors :

MM. le docteur Bourée, de Châtillon-sur-Seine,
le docteur Guérard, de Dijon,
le docteur Rosier, de Nolay.

Trois aides-majors :

MM. Carré, d'Époisses-les-Semur,
Petit, de Fain-les-Montbard,
Remy, de Plombières-les-Dijon.

Deux sous-aides majors :

MM. Affre, de Beaune,
Gremillon, officier de santé de l'Ecole de Dijon.

Un pharmacien principal :

M. Grognot, de Mont-Saint-Jean.

Un aumônier :

Le R. P. Gironet, de l'ordre des frères prêcheurs du couvent de Dijon.

Un aumônier auxiliaire :

M. l'abbé Largeteau, professeur au grand séminaire diocésain.

Un comptable :

M. Hudelot, étudiant à la Faculté de droit de Dijon.

Un infirmier chef :

M. Guillot, pharmacien de première classe à Dijon.

Quatre infirmiers sous-chefs :

MM. Valby, élève en pharmacie,
Pataille, étudiant en droit,
Chanlon, sous-diacre,
Mercey, clerc tonsuré.

Douze infirmiers :

MM. Bourgeot, sous-diacre,
Guillier, id.,
Ferret, séminariste clerc minoré,
Grillot, id.,

MM. Mathieu, séminariste clerc minoré,
Noirot, id.,
Paris, id.,
Perrot, id.,
Colas, précepteur,
Dadant, clerc en pharmacie,
Bazin, propriétaire,
Jacotin, serrurier,
Giraudot, boulanger.

Deux cochers :

MM. Frouart,
Marlot.

Un pasteur protestant avait été désigné, mais il fut obligé de se rendre en Alsace auprès de sa mère malade, et ne put rejoindre l'ambulance à cause de l'interruption des communications par l'invasion ennemie. Le regret que nous causa d'abord son absence, se dissipa quand nous eûmes apprécié l'inutilité de son ministère, à cause de nos rapports très-exceptionnels avec des blessés allemands.

Nous avions à notre disposition deux voitures : 1° un vaste fourgon auquel devaient être attelés les deux chevaux si généreusement offerts par Mme S. Marey-Monge, et qui renfermait les caisses de chirurgie et de pansements, les boîtes de pharmacie, deux tentes, une provision de couvertures, de sucre, thé, café, chocolat, extrait de viande, liqueurs et vins généreux pour les blessés ; 2° un omnibus à six places, habituellement destiné à transporter le mince bagage des ambulanciers, et ceux d'entre eux que la fatigue ou les maladies mettraient dans l'impossibilité de marcher, et de plus à compléter le service des brancardiers après le combat. Cette voiture était traînée par un cheval de location habitué à un service de camionnage, et auquel on ne put même appliquer le quatrain de Boileau sur Rossinante, car non-seulement on ne l'a pas vu galoper une fois, mais encore il ne pouvait trotter que sous peine de fourbure; ce qui nous a condamnés à ambuler au pas, souvent à l'arrière-garde, en imposant à notre locomotion une lenteur regrettable.

En effet, il est indispensable que les ambulances puissent à volonté être transportées rapidement, et ne soient pas obligées de franchir à pied des distances considérables; par exemple, si une bataille s'engage loin des lieux où elles sont installées, et réclame d'une façon urgente leur concours. Celles qui arrivent tardivement sur le terrain d'une lutte sanglante ne trouvent plus qu'à glaner, lorsqu'elles ont été précédées par d'autres ambulances obligées de se faire la part du lion, et tenant à honneur de la conserver, sous le rapport de l'installation et du nombre parfois trop considérable des blessés, qu'il importait assurément de relever sans retard du champ de bataille, mais auxquels des pansements convenablement rapprochés ne sont pas moins essentiels.

Il n'est également pas sans utilité que, dans le cas où une armée est en pleine retraite, les ambulances mobiles la précèdent dans les localités où elle doit se rallier, et se mettent à la disposition de l'intendance ou des autorités locales, afin de préparer des ambulances sédentaires toujours indispensables aux maladies engendrées par des fatigues exagérées ou d'excessives privations.

Les voitures des ambulances étant souvent utilisées pour transporter les blessés ou malades, on doit se préoccuper, dans le choix de ces véhicules, des conditions les plus appropriées à cette importante destination. Elles doivent être à la fois solides, légères et commodes, et dépourvues d'élégance, afin de ne pas attirer l'attention, et provoquer la mauvaise humeur et les critiques des troupes fatiguées par de longues marches. Grâce à la simplicité de nos voitures, nous avons échappé aux attaques désobligeantes et injustes, que nous avons entendu diriger contre des hommes de cœur et de talent, qui avaient reçu d'opulents bienfaiteurs ou de riches comités d'élégantes voitures et des harnais de luxe. Les soldats, aigris par les souffrances corporelles, oubliaient alors que ces véhicules étaient mis avec empressement au service de leurs malades et de leurs blessés; qu'ils servaient à emporter les boîtes à pansements et à opérations, les caisses de médicaments et de cordiaux, ainsi que les couvertures destinées aux blessés, des provisions de bouche, les tentes et les bagages de l'ambulance. Comment nos troupes n'appréciaient-elles pas que les personnes dévouées à les panser, non-seulement pendant le combat, mais après la lutte alors que le combattant peut jouir du repos, devaient avoir les moyens d'accourir promptement à leur secours, et ne posséderaient pas les forces nécessaires à l'accomplissement de leur devoir, si elles arrivaient harassées et épuisées?

L'ambulance mobile de la Côte-d'Or, dont les équipages furent loin d'exciter l'envie, ne brilla pas davantage par ses ressources pécuniaires. Le jour de son départ, sa caisse ne renfermait qu'une somme de 1,000 fr..... Mais elle eut raison d'avoir confiance en la stricte économie de son comptable, et surtout dans la Providence qui ne lui a jamais refusé son appui. Si elle s'éloigna *pauvrette* en matériel et en numéraire, elle était, ainsi que ses compagnes, riche en hommes de bonne volonté, et n'ignorait pas que le bien à accomplir est indépendant du brillant et de l'éclat.

II

Départ de l'Ambulance.

BLESSÉS DE TALMAY, ESSERTENNE ET JANCIGNY. — VIOLATION DE LA CONVENTION DE GENÈVE PAR LES ALLEMANDS.

Le 22 octobre 1870, Mgr Rivet, évêque de Dijon, célébra le saint sacrifice de la messe pour appeler les bénédictions de Dieu sur les travaux de l'ambulance, et adressa aux séminaristes choisis comme infirmiers une persuasive improvisation, destinée à enflammer et soutenir leur zèle. Car si les élans d'un cœur généreux ou la voix de l'honneur suffisent à provoquer des accès de dévouement, sa constance et sa perfection ne peuvent trouver une base inébranlable que dans le sentiment religieux, imposant la loi divine de la fraternité humaine, *de l'amour du prochain*.

A trois heures de l'après-midi fut donné le signal du départ. Avant de s'éloigner, les ambulanciers se rendirent à l'ancien palais des ducs de Bourgogne, pour remercier M. Dubois, maire de Dijon, de l'intérêt actif et bienveillant qu'il n'avait cessé de porter à l'ambulance depuis le début de son organisation. Ce magistrat, assisté de l'un de ses adjoints, M. Brullé, doyen de la Faculté des sciences, et de plusieurs membres du comité organisateur, fit à l'ambulance l'honneur de l'accompagner jusqu'à l'une des portes de la ville, et, au moment de la séparation, lui affirma de la façon la plus encourageante la confiance que le département plaçait dans son dévouement, et les vœux que Dijon formait pour le succès de sa belle mission.

Le chirurgien en chef crut devoir se faire l'interprète de la gratitude de l'ambulance, et de son vif désir de remplir dignement les fonctions humanitaires qui lui étaient confiées ; puis adressant des adieux émus au département qu'elle devait représenter sur le terrain de la bienfaisance, et à Dijon, qui avait présidé à son organisation, il éleva sa pensée jusqu'à la patrie sanglante et désolée qui réclamait le concours de tous les dévouements, et termina son allocution par le cri de *Vive la France*, auquel répondit d'un groupe voisin, celui de : *Vive la République*. Inutile protestation qu'aucune intention politique n'avait provoquée ! Car c'est la France seule, versant à flots son sang par de nombreuses blessures, qui pouvait apparaître à des ambulanciers, dont le devoir consistait non-seulement à les panser, mais encore à étendre leur action bienfaisante sur des ennemis neutralisés par leurs blessures et leur impuissance.

Ce n'est pas sans éprouver un vague attendrissement, à la fois doux et triste, qu'une ambulance s'éloigne pour se consacrer à une campagne médico-chirurgicale. On sent involontairement qu'on se dirige vers l'inconnu, qu'on vivra séparé, pendant un temps indéterminé, de son foyer, de ses parents, de ses amis ; et l'on se surprend à regretter d'avance le visage sympathique, les affectueux regards, le dévouement éprouvé, et les libres et réciproques épanchements de personnes aimées. Mais en même temps le cœur se dilate et se complaît dans le sentiment du bien à accomplir ; et la perspective des privations et du danger, ainsi que la négligence des intérêts matériels, ne font que rendre le sacrifice plus attrayant. Et puis, ne retrouve-t-on pas une nouvelle famille ? L'ambulance ! Ne voit-on pas des amitiés s'établir ou se resserrer dans la solidarité d'une existence pénible, et dans la communauté du dévouement, ainsi que j'ai eu la satisfaction de le constater parmi les chirurgiens et infirmiers, jeunes et expansifs, dont mes soixante ans m'instituaient le père, bien plus que le directeur.

Avant de s'éloigner de Dijon, l'ambulance s'était efforcée d'obtenir des renseignements sur la position des troupes qu'elle désirait rejoindre, mais elle ne put être qu'imparfaitement éclairée à cet égard, et se dirigea sur Fontaine-Française avec le vague espoir de rencontrer nos bataillons.

Après avoir traversé Saint-Apollinaire, Varois et Orgeux, qui étaient loin de prévoir combien l'invasion prussienne leur serait prochainement fatale, nous nous engageons dans la route-avenue que semble terminer le château d'Arcelot. Là, nous rejoignons des mobiles du Midi, traînards avinés, se querellant dans leur patois provençal, et nous imposant l'une de ces déplorables scènes d'indiscipline et d'alcoolisme, qui nous ont trop souvent attristés, indignés, et même fait douter du triomphe de nos armées. L'un d'eux voulant faire usage de son fusil, nous contribuâmes à lui enlever et à décharger cette arme. Ainsi, au début de notre campagne, nous eûmes l'occasion d'appliquer l'axiome médical : *Mieux vaut prévenir le mal que le guérir*. Pourquoi ne nous a-t-il pas été accordé de prolonger son adoption !

Nous arrivâmes à Arcelot à six heures du soir :

déjà la nuit avait succédé au jour, et il importait d'assurer le dîner et le coucher de l'ambulance. J'étais muni d'une feuille de route qui nous autorisait à loger chez l'habitant, mais il me parut inutile d'y recourir. Je savais depuis longtemps qu'à un kilomètre d'Arcelot, à Arceau, résidait une famille toujours empressée à saisir l'occasion d'obliger et de faire le bien ; je n'hésitai donc pas à faire visite à M. et à Mme Albert de Loisy, et à leur signaler le passage de l'ambulance de la Côte-d'Or. L'accueil dont on m'honora dépassa encore mon attente. M. et Mme A. de Loisy m'offrirent aussitôt de recevoir dans leur demeure la presque totalité du personnel, en m'exprimant le regret d'être obligés, par l'insuffisance du local, d'en réserver une faible partie avec le matériel pour le château d'Arcelot, récemment légué aux familles de Loisy. Je me hâtai de porter cette agréable nouvelle à mes compagnons de voyage, dont plusieurs avaient déjà accepté les offres hospitalières de quelques habitants d'Arcelot, ainsi que de M. le Curé et de M. le Maire d'Arceau.

Le lendemain matin, nous prîmes congé de nos hôtes aimables autant que distingués, après leur avoir offert l'expression de notre vive et légitime gratitude. Car nous savions que l'arrivée imprévue de trop nombreux visiteurs est généralement inopportune, et nous avions pu apprécier, avec quelle aisance gracieusement empressée avaient été surmontées les difficultés de notre brusque invasion.

Je pensais alors que le souvenir d'une aussi parfaite hospitalité devait être conservé à titre exceptionnel, mais la Providence qui nous réservait de nombreux imitateurs de ce bienfaisant accueil, m'a souvent rappelé les paroles de l'illustre évêque d'Orléans, dans son sermon de charité en faveur des ouvriers rouennais : « Laissons à d'autres les ressources des perfides insinuations. Il est facile de dire que les riches sont inutiles ! Inutiles ? Oui, comme les fontaines qui ne portent pas les moissons, mais qui les fécondent, et selon Adam Schmit, comme les grandes routes qui ne rapportent rien et servent à tous. »

Pendant notre séjour à Arceau, M. de Loisy reçut une dépêche qu'il voulut bien nous communiquer, dans laquelle on lui annonçait que les Prussiens étaient à Flammerans et menaçaient Auxonne, ce qui nous décida à modifier notre itinéraire, et à nous diriger vers cette place forte. A Arcelot où nous rejoignîmes nos voitures, nous eûmes l'occasion de renouveler le pansement d'un officier de francs-tireurs blessé à l'une des mains, et se rendant à Lyon au sein de sa famille.

Nous nous dirigeâmes par Arc-sur-Tille vers Genlis, d'où nos voitures gagnèrent Auxonne par la voie de terre, tandis que le personnel crut devoir profiter du transport plus rapide sur le chemin de fer. Le train subit un retard considérable, et lorsque nous arrivâmes à la gare d'Auxonne, la nuit était des plus sombres, et des nues tombait une pluie diluvienne que nous cinglaient des rafales. C'est à travers cette tempête de l'atmosphère, qu'entra dans Auxonne le personnel groupé en masse compacte pour amoindrir les effets du vent et de la pluie.

Arrivés à l'Hôtel de ville, nous demandâmes M. le Maire, et l'on nous conduisit à M. le Secrétaire municipal. A la vue de trop nombreux visiteurs ruisselants comme des gouttières, mais surtout lorsque je lui tendis notre feuille de route qui nous assurait des droits à l'hospitalité, sa physionomie prit une sombre expression, et il s'empressa de répondre à ma demande de renseignements, qu'Auxonne était surabondamment pourvu de chirurgiens, et serait probablement investi le lendemain.

Mon opinion sur le patriotisme des Auxonnais ne me permit pas d'admettre que cette réception entachée d'égoïsme serait imitée par eux, à cause du piteux état dans lequel l'ambulance venait offrir ses services; aussi, la perspective d'être enfermés dans une place forte à l'état d'oisifs et d'inutiles, nous décida seule à regagner la gare, pour y abriter nos personnes et notre matériel, et y assurer notre liberté de locomotion.

Décidément l'orage torrentiel qui continua à détremper nos coiffures et nos vêtements avait submergé notre prestige, car nous trouvâmes encore un accueil glacial auprès d'agents subalternes peu disposés à nous accorder un asile. Heureusement, j'éveillai bientôt les sympathies d'un employé supérieur, qui donna des ordres pour que nos voitures fussent abritées sous un auvent, nos chevaux placés sous un hangar, et nos personnes admises dans les salles d'attente, où il fit allumer un vaste foyer de houille, dont les ardents rayons furent utilisés à sécher nos vêtements.

Le gîte était obtenu, mais ne suffisait pas, car l'heure du dîner était beaucoup dépassée, et les estomacs réclamaient avec vivacité des aliments, que ne pouvait fournir le buffet déménagé à cause de l'approche des Prussiens. Notre avisé comptable, prédestiné à des difficultés plus épineuses, ne perdit pas la tête comme Vatel dont il cumulait les fonctions, et se hâta d'envoyer à Auxonne avant le lever des ponts-levis, pour y faire provision de pain, de charcuterie et de fromage, mets qu'un formidable appétit nous fit trouver délicieux, bien qu'ils fussent arrosés d'un vin très-étranger aux grands crus de Bourgogne.

Puis chacun s'arrangea pour dormir le moins mal possible, en adoptant comme literie de rares fauteuils, quelques banquettes et surtout le plancher. Ce mode de couchage n'invitait pas au sommeil, d'ailleurs interrompu par de mauvais coucheurs; aussi chacun fut-il sur pied avant l'aurore, en se bornant pour toute toilette à s'étirer en tous les sens. Alors on devisa gaiement sur les alternatives de grandeur et de décadence de l'ambulance, en comparant l'hospitalité si cordialement empressée et non moins confortable dont elle avait joui la veille au château d'Arceau, avec la tempête atmosphérique d'Auxonne, la parcimonie de son préposé aux logements militaires, la mince pitance et l'austère bivouac de sa gare. Il se trouva bon nombre d'ambulanciers assez spartiates pour donner la préférence à ce rude contraste, comme plus conforme à la vocation et aux destinées de l'ambulance. Enfin le jour nous permit d'apprécier que les Prussiens n'avaient pas encore investi Auxonne, et que le secrétaire de sa mairie était moins infaillible que Calchas.

Nous fûmes informés à la gare que les forces militaires de la Côte-d'Or défendaient la rive droite de la Saône, d'Auxonne à Talmay, et que M. le docteur Lavalle, leur commandant en chef, avait son quartier général à Pontailler. Comme il disposait entièrement du chemin de fer d'Auxonne à Talmay, nous lui adressâmes un télégramme pour obtenir l'autorisation d'être transportés par un train rapide, et après deux heures d'attente inutile, arriva l'ordre de former pour un lieutenant de Garibaldi un train spécial, dans lequel nous obtînmes facilement notre admission.

Nous arrivâmes au milieu du jour à Pontailler, que nous trouvâmes encombré de mobiles dont les bataillons étaient logés dans les villages, et surtout campés dans les bois ou sur la rive droite de la Saône. Le voisinage des troupes prussiennes faisant prévoir un prochain combat, nous nous hâtames d'établir notre ambulance sur un point aussi central que possible, et nous fîmes choix de Maxilly. Notre installation eut lieu le 24 octobre, dans une maison de campagne appartenant à M. Pataille, avocat à la cour de Paris, alors enfermé dans la capitale pour contribuer à la défendre en qualité de capitaine de la garde nationale. Son fils, l'un de nos chers et distingués infirmiers, s'inspirant à la fois du patriotisme paternel et d'une affectueuse camaraderie, s'empressa de mettre à notre disposition la maison de sa famille pour recevoir notre personnel et notre matériel, et y établir, aux frais du généreux fondateur, une ambulance prévue pour vingt blessés, dans laquelle nous reçumes immédiatement plusieurs malades.

Le lendemain, Mme Texier, tante de notre infirmier, voulut bien prendre notre avis pour la création d'une ambulance très-confortable, dans laquelle elle a entouré plusieurs blessés de soins intelligents et dévoués. Le même jour, nous nous rendîmes avec non moins d'empressement à l'appel de M. le Maire de Pontailler, qui désirait avoir notre opinion sur le choix d'un local pour une vaste ambulance et sur les meilleures conditions de son établissement.

Le 26 octobre, nous trouvâmes, à Talmay, une ambulance modèle dans le local occupé par les sœurs de saint Vincent-de-Paul, auxquelles la commune confiait l'éducation de ses enfants du sexe féminin. Ces angéliques filles de la charité avaient fait appel au concours des habitants, qui s'étaient empressés de fournir une notable partie du matériel, et reçurent de M. Paul Thénard les premiers médicaments. De plus, M. le Curé de Talmay avait préparé dans son presbytère des lits pour plusieurs blessés; précaution que la prévision de sanglants combats ne rendait que trop légitime.

Le jeudi 27, au milieu du jour, passèrent en désordre devant l'ambulance de nombreux mobiles fuyant sur la route de Talmay à Pontailler. Ce n'est pas de l'indignation que ce spectacle éveilla dans nos âmes ; nous n'y trouvâmes que de la tristesse, et des sympathies pour ces soldats trop improvisés, étrangers à tout exercice militaire, armés de mauvais fusils, et que depuis deux jours nous rencontrions insuffisamment vêtus, les uns échelonnés en tirailleurs sur les bords de la Saône, les autres embusqués dans les bois, où ils cherchaient à se protéger contre une pluie presque incessante, à l'aide de branchages qui ne faisaient que la condenser. La veille encore, à la chute du jour, en descendant près Pontailler le Montardou *(Mons-Arduus)*, balayé alors par un vent impétueux chargé d'une pluie glaciale, j'avais traversé un bataillon de ces mobilisés en blouses, incomplétement équipés, condamnés à y bivouaquer sans aucun abri. Plusieurs réclamaient avec exaspération de la paille à un jeune officier, qui exprimait l'impossibilité de satisfaire à leur demande si légitime, dans un langage et par des gestes traduisant une vive agitation morale.

Nous entrâmes dans les rangs désordonnés de

ces fuyards, en leur adressant d'encourageantes paroles pour contribuer à les arrêter. Leurs chefs obtinrent enfin ce résultat, et les ramenèrent en ordre de bataille du côté du village de Talmay, qu'on disait occupé par les Prussiens, et vers lequel convergèrent en même temps plusieurs autres bataillons. Nous les suivîmes à peu de distance avec nos voitures pour assurer les moyens de transport et de pansement des blessés, en cas d'engagement avec l'ennemi. Les colonnes d'attaque arrivèrent ainsi près de Talmay, et n'y subissant pas le feu des Prussiens, retournèrent du côté de Pontailler. Comme notre présence n'était pas motivée dans cette marche rétrograde, nous crûmes devoir entrer dans le village, avec le vague espoir d'être utiles.

La rue était déserte, parce que la pluie tombait avec violence; mais à peine eûmes-nous dépassé les premières maisons, qu'un drapeau d'ambulance nous signala une habitation des plus modestes. Nous entrons et sommes reçus avec une vive satisfaction par de braves gens, qui s'étaient empressés d'accueillir comme un frère un mobilisé de la Côte-d'Or, dont un membre traversé par un projectile offrait l'une de ces blessures *dites en séton*. Pendant que nous le pansons en le félicitant sur sa guérison prochaine et assurée, on nous informe que plusieurs blessés ont été reçus dans l'ambulance des sœurs de Saint-Vincent-de-Paul où nous nous rendons sans retard. Tous ont pris part aux escarmouches qui ont eu lieu le matin entre Talmay et Essertenne, et appartiennent aux mobilisés de la Côte-d'Or et aux mobiles de l'Isère. L'un, dont une jambe est traversée et fracturée par une balle, porte un nom glorieux dans nos fastes militaires, c'est le lieutenant Kléber des mobiles de Saint-Marcellin ; son camarade du même bataillon de l'Isère, le sous-lieutenant de Serrezin, blessé à l'une des mains, compte dans le département de la Côte-d'Or plusieurs parents du même nom, qui ont servi et servent encore noblement leur pays dans la carrière des armes.

Nous fûmes heureux de trouver auprès de ces chers blessés l'habile et dévoué praticien de la localité, M. le docteur Jannin qui, depuis leur arrivée, leur prodiguait ses soins intelligents, et accueillit avec empressement notre concours. La plupart des blessures étaient très-graves, et causées par des balles qui avaient traversé les membres en fracturant comminutivement les os. Plusieurs d'entre elles motivaient des amputations, mais nous crûmes devoir nous borner provisoirement à assurer, par des pansements méthodiques, l'immobilité des membres brisés. Après avoir épuisé notre tâche avec la lumière du jour, nous retournâmes à Maxilly, en transportant dans notre omnibus cinq sujets offrant les blessures les moins graves, afin de ne pas les laisser exposés à tomber entre les mains de l'ennemi.

On était d'autant plus autorisé à craindre ce résultat, qu'avant notre arrivée les troupes allemandes avaient parcouru Talmay en déchargeant leurs armes sur des habitants inoffensifs, et même à travers les fenêtres des maisons pour terrifier le pays. L'ambulance des sœurs ayant reçu la visite de plusieurs d'entre eux, l'un des chefs, à la vue des armes déposées par les blessés, était entré dans une colère terrible, et avait obligé Mme la Supérieure à le conduire dans toutes les parties de l'établissement, en ne cessant de la menacer de son révolver. Pendant notre séjour à l'ambulance, on vint nous annoncer la rentrée des Prussiens ; mais cette alerte était faiblement motivée, car nous ne vîmes que deux cavaliers hulans qui, après avoir parcouru les rues et les ruelles, et constaté l'absence des troupes françaises dont la violence de la pluie rendait l'attaque peu probable, s'éloignèrent dans la direction d'Essertenne.

Un chirurgien de mobiles talonné par la faim, étant venu dans la soirée demander à notre table hospitalière une place qui lui fut accordée avec un empressement fraternel, nous informa que trois blessés avaient été accueillis et pansés dans le village de Saint-Sauveur, et d'autres en plus grand nombre laissés à Essertenne.

La nuit suivante, à deux heures du matin, l'ambulance fut réveillée par un inconnu, que le commandant en chef M. Lavalle avait chargé de nous informer de vive voix, que les troupes rentraient à Dijon, et de nous inviter à les suivre. Je ne crus pas devoir adopter ce parti, parce que nos soldats étaient certains de trouver à Dijon un nombre suffisant de chirurgiens, dont nous ne pouvions prétendre devenir que les émules, et que notre devoir consistait évidemment à ne pas nous éloigner, avant d'avoir assuré les soins nécessaires à toutes les victimes des engagements meurtriers, qui avaient eu lieu la veille près de Talmay. En prenant cette détermination, j'avais la certitude de sauvegarder les droits de l'humanité souffrante, sans manquer à la discipline, puisque l'ambulance de la Côte-d'Or ne relevait alors que de la société française de secours aux blessés, et ne fut placée avec toutes ses compagnes sous la double autorité de celle-ci et des chefs militaires que par le décret du 31 décembre 1870.

Aussitôt que le jour parut, on réalisa les projets formés la veille. L'omnibus transporta à Dijon plusieurs blessés confiés à la sollicitude d'un sous-aide et de deux infirmiers ; un autre sous-aide, également assisté d'infirmiers, se rendit au village de Saint-Sauveur, pour renouveler les pansements des blessés et les transférer aux ambulances de Maxilly ; une forte escouade du personnel conserva la garde de celles-ci pour en soigner les blessés et les malades et faire face à toutes les éventualités ; enfin, je me dirigeai avec douze ambulanciers et le fourgon vers Talmay, afin de nous rendre ensuite à Essertenne.

A Talmay, nous nous associâmes avec M. le docteur Jannin pour renouveler et perfectionner les pansements de quelques blessés de l'ambulance des sœurs, et décider s'il y avait lieu de pratiquer des amputations. La chirurgie conservatrice ne trouva en nous que des partisans, sauf pour une blessure des plus graves, où l'indication de l'amputation d'une cuisse fut posée par un chirurgien vétéran. Chose remarquable, ses collègues tous jeunes, et par conséquent appartenant à cette période de la vie où les opérateurs sont généralement hardis et quelquefois téméraires, soutinrent l'opinion contraire avec de puissants arguments auxquels leur doyen d'âge crut pouvoir se rallier, satisfait à la fois de contribuer à soustraire un blessé à une dangereuse opération, et de démontrer que l'âge et le grade doivent disparaître en présence des intérêts, même seulement probables, de la science et de l'humanité. Je regrette que cette détermination n'ait pas obtenu la sanction à laquelle elle avait droit, et que le blessé soit mort des suites de sa blessure exceptionnellement grave.

Nos pansements achevés, nous entrâmes dans une chaumière, qu'un lambeau de misérable étoffe, représentant un drapeau d'ambulance, recommandait à nos sympathies. Là, sur un grabat, souffrait et râlait une jeune femme dont la poitrine avait été traversée par une balle prussienne. Cette infortunée effrayée par les détonations qui l'avertissaient de l'invasion ennemie, s'était réfugiée derrière des fagots sur lesquels tirèrent les soldats défiants ou avertis par quelques mouvements. Elle poussa un cri lamentable et s'affaissa.....

Nous changeâmes avec précaution son linge adhérent à la peau par une mare de sang desséché; sa couche presque funèbre fut adoucie autant que possible, et un pansement simplifié protégea ses blessures à travers lesquelles la vie menaçait de s'échapper. Je la vois encore cette pauvre victime d'une guerre dont elle était innocente, expulsant à chaque mouvement respiratoire une écume sanguinolente par les plaies de sa poitrine qui traduisait, comme le reste de sa personne, par son extrême maigreur, toute une vie de labeur, de privations et peut-être de souffrance. En présence d'une scène si émouvante, ma raison et mon cœur s'unissaient dans la consolante pensée, qu'une existence si éprouvée par le travail, la misère et la douleur, obtiendrait au delà de la tombe des compensations et sa récompense. Car bien que la guérison des blessures perforantes de la poitrine ne soit pas très-exceptionnelle, il me semblait peu probable qu'elle pût être obtenue sur ce corps frêle, débile, exsangue, animé par une vitalité languissante. Aussi ai-je reçu avec autant d'étonnement que de satisfaction la nouvelle, que cette femme si digne d'intérêt avait survécu à sa dangereuse blessure.

On sent qu'après de telles émotions, le déjeûner que nous acceptâmes chez le maire M. Panier, dont l'invitation avait précédé celle de M. le baron Paul Thénard, n'a eu pour attraits que la cordialité de notre hôte et la communauté de nos sympathies. Nous partîmes donc bientôt pour Essertenne, sous la conduite de M. le Curé de Talmay, qui avait obligeamment offert de nous accompagner sur les lieux où l'on s'était battu le jour précédent.

Entre Talmay et Essertenne, dans le bois que traverse la route, étaient épars de nombreux témoignages d'un campement abandonné à la hâte, tels que bidons, marmites, débris de tentes, etc., et bientôt nous fûmes empêchés d'avancer par des abattis d'arbres constituant des barricades prolongées en avant et en arrière d'une profonde tranchée. Après avoir recommandé au cocher de nous attendre avec le fourgon, nous entrâmes dans le bois pour y trouver notre voie sur un terrain détrempé par la pluie, et que le piétinement des troupes avait transformé en une boue liquide. Bientôt j'aperçus une élégante malle entièrement vide; je pensai qu'elle avait été pillée par les Prussiens, et la soulevant, je trouvai sous elle une carte de visite et une lettre enfoncées dans le sol boueux. Une flaque d'eau me servit à laver la carte qui portait les noms Raoul d'A..... Vivement ému, je passai et repassai la lettre entre les lames d'eau, de façon à entraîner la boue sans altérer l'écriture, et je lus.....

« Mon cher Raoul, mon fils bien aimé..... Je « crois rêver quand je pense que tu es sous les « ordres de Garibaldi....... Grand Dieu ! dans quel « temps vivons-nous..... »

Puis, à la fin de cette page, elle lui parlait avec reconnaissance de personnes chez lesquelles il avait été logé comme officier et comblé d'égards, et se réjouissait en pensant qu'il trouverait à Dijon l'accueil le plus affectueusement empressé chez l'un des plus anciens et des meilleurs amis de son père..... En parcourant ces lignes, des larmes perlaient à mes paupières. Quelle en était la source? Pourquoi cette vive émotion?

A Paris, durant mes études médicales, j'ai contracté une amitié que le temps n'a fait que cimenter, et qui, après avoir été l'une des joies douces et familières de ma jeunesse, honore par sa constance et sa distinction le déclin de ma vie.

Vint le jour d'une séparation qui éloigna nos corps sans toucher à nos cœurs invariablement unis. Mon ami rappelé dans le département de l'Isère par une importante succession, y fixa son séjour, et prit une compagne qui aux qualités de la femme forte associait la grâce et l'amabilité. De cette union naquit un fils élevé dans le respect et la pratique de la religion chrétienne, et auquel on apprit à aimer tout ce qui est beau, et à un plus haut degré tout ce qui est bien. La guerre l'ayant appelé sous nos drapeaux, il quitta sa famille pour servir sa patrie dans un bataillon des mobiles de l'Isère, avec le grade de sous-lieutenant. Sa mère qui eût renouvelé l'exemple de celle des Machabées, éprouva une douloureuse émotion en apprenant qu'il devait servir sous les ordres de Garibaldi, de ce révolutionnaire qui contribuait à mettre la société en péril en soufflant dans le cœur du pauvre la haine contre le riche, de cet ennemi du christianisme dont les bandes avaient, en Italie, profané les églises et souillé les autels.

A l'appui du cri d'alarme de cette mère vigilante, je regrette d'avoir à citer un extrait de la proclamation que Garibaldi, dont M. Gambetta avait fait le général en chef de l'armée des Vosges, fit afficher à la fin de janvier 1871, dans toutes les communes du département de la Côte-d'Or et sur les murs de Dijon :

« Croyez-vous que chassant l'ennemi d'ici à « vingt jours vous ne souffrirez pas moins qu'en « le chassant dans vingt mois. Il est inutile d'y « penser, si vous prêtez confiance aux paroles « du prêtre qui n'a pas de patrie et qui fait au« jourd'hui la cour à Guillaume, le chef nouveau « du Saint-Empire, de la vieille rubrique *trône* « *et autel*, c'est-à-dire chef des imposteurs et des « brigands.

« Inutile aussi d'écouter ces riches et ces puis« sants, dont la majeure partie énervée par « vingt années de sybaritisme, et habitués à « vivre dans la débauche, ont peur de voir leurs « châteaux ruinés et leurs cantines mises à sec « par les insatiables soldats du Nord : Inutile !!.. »

Toute conscience honnête éprouve le besoin de protester avec indignation contre cette proclamation, qu'on a eu l'égarement d'afficher dans un département dont les personnes riches ont, durant toute la guerre, contribué avec un généreux empressement à ses charges parfois accablantes, et dont le clergé a fourni des aumôniers pleins de zèle à nos bataillons, des infirmiers dévoués à nos ambulances mobiles et sédentaires, et même des combattants. En effet, dix élèves du grand séminaire, libres d'engagements religieux, se sont engagés dans les compagnies de volontaires. Deux ont pris part à l'affaire de Pathay; l'un, M. Derepas, a eu deux doigts emportés par une balle; l'autre, M. Legendre, grièvement blessé à l'une des jambes, a dû être amputé; un troisième, M. Corbolin, en chargeant à la baïonnette au combat de Talant, a reçu une balle à la tête.

J'avais été informé par mes amis, que leur fils était dirigé sur Dijon, et je souhaitais son arrivée avec la plus affectueuse impatience, lorsque je rencontrai M. Dupont-Marey, de Nuits, en compagnie d'un commandant des mobiles de l'Isère cantonné dans cette ville depuis deux jours avec le bataillon de Saint-Marcellin. Connaissez-vous, dis-je à cet officier supérieur, le sous-lieutenant Raoul d'.....?

— Il fait partie de mon bataillon.

— Alors, veuillez lui dire de ma part que je suis affligé de sa négligence à faire visite au vieil ami de son père.

— Ne l'accusez pas : s'il y a un coupable, c'est moi qui ai consigné le bataillon à Nuits où j'attends un ordre de départ.

— Ne pouvez-vous m'accorder une exception en sa faveur ?

— Volontiers, je vous enverrai demain le sous-lieutenant.

Le commandant tint parole, et je goûtai la joie de recevoir pendant quelques heures le fils de mes amis, qui se dirigea la nuit suivante avec son bataillon vers les bords de la Saône. L'ambulance étant partie le lendemain 22 octobre; je retrouvai, le mercredi suivant 26, mon jeune officier couché sur la paille dans une grange de Talmay, avec un pied écorché et enflammé, sur lequel j'appliquai du taffetas auquel je souhaitai l'efficacité du fabuleux dictame. Le lendemain matin eut lieu le combat où fut engagé le bataillon de l'Isère, et en visitant quelques heures après à l'ambulance de Talmay ses compagnons d'armes, MM. Kléber et de Serrezin, je fus heureux d'être informé que, lors de la retraite du bataillon, il leur avait pressé les mains sans offrir aucune blessure. Rentré à Lyon avec son bataillon, il y contracta une scarlatine suivie d'un rhumatisme articulaire, dont il n'était pas encore guéri lorsque j'adressai, au milieu du mois de mars, à ses bien-aimés parents, la carte et la lettre recueillies si providentiellement, et qu'ils conserveront dans leur reliquaire comme de touchantes preuves du danger qui menaça une existence si exceptionnellement chère.

Me voilà bel et bien sorti de mon sujet d'où je me suis échappé par la tangente de l'amitié, et je m'aperçois en même temps que pendant que j'opérais mes fouilles dans la boue, et que je lavais et déchiffrais les trésors de sentiment que j'en avais extraits, la solitude s'était faite autour de moi. Au lieu d'ambulanciers brillants de jeunesse, je n'aperçus que les arbres moussus de la forêt, étendant leurs bras rameux en grande partie dépouillés de leur feuillage jauni. Ce lugubre silence régnant sur des lieux où la mort avait la veille si bruyamment marqué plusieurs victimes, ne m'invitait pas à y prolonger mon séjour; je me hâtai donc de regagner la chaussée, où j'adoptai un pas gymnastique qui me fit bientôt rejoindre mes compagnons de voyage.

A peine étais-je au milieu d'eux que nous aperçûmes dans le lointain les troupes ennemies, dont se détacha un peloton de cavalerie qui arriva rapidement sur nous. Je m'avançai vers leur commandant, auquel je fis connaître le motif d'humanité qui nous attirait vers les lignes prussiennes, et qui nous invita à le suivre jusqu'à Essertenne. Nous cédâmes, en nous attachant à traverser avec dignité les rangs des envahisseurs. Disposés en bon ordre, nous fixions sur eux des regards assurés ; et, d'ailleurs, que pouvions-nous craindre ? Nous étions précédés par le drapeau international, auprès duquel flottait celui de la France, que nous étions heureux et fiers d'avoir le droit de déployer, en vertu de l'article 7 de la convention de Genève ; chacun de nous était protégé par un brassard qui conférait la neutralité ; et j'avais eu la précaution de conserver un exemplaire de la convention de Genève acceptée par la Prusse, talisman devant lequel devaient s'écrouler les obstacles qu'on tenterait d'opposer à notre mission cosmopolite. Généreuse illusion que les violations allemandes ne devaient pas tarder à dissiper !

Arrivés au château d'Essertenne, dont les propriétaires étaient absents, et où logeait le général, on nous fit stationner longuement dans une galerie du rez-de-chaussée sur laquelle ouvraient la cuisine et la cave, et nous vîmes passer et repasser les dépouilles sanglantes de la basse-cour, et force bouteilles dont la poussière traduisait la lente bonification. L'attente étant désagréablement prolongée, je laissai mon esprit se distraire en s'enfonçant dans quelques réflexions humoristiques. Quelle opinion, se demandait-il, provoquerait une bande d'individus qui, s'abattant sur une demeure inhabitée, en saccagerait la basse-cour et viderait la cave? La réponse ne se ferait pas attendre, et on réclamerait pour que la justice sévît contre ces effrontés pillards. La morale peut-elle donc être bouleversée par les droits prétendus de la guerre? et convient-il à un honnête homme de se laisser entraîner à en user, ou plutôt à en abuser, sans trouver au fond de sa conscience une voix accusatrice, surtout lorsqu'il occupe une position élevée qui imprime à ses actes une action plus corruptrice? Si les chefs militaires pillent les châteaux, ce funeste exemple ne trouve-t-il pas un brutal imitateur dans chaque soldat qui se croit autorisé à piller la chaumière du paysan et la cabane du pauvre? J'en étais là de mon réquisitoire, lorsqu'on vint nous annoncer que le général ne voulait pas nous autoriser à emmener les blessés français à l'ambulance de Maxilly, et qu'injonction nous était faite d'opérer leur évacuation sur l'hôpital de Gray.

Ayant demandé à leur faire immédiatement visite, nous fûmes conduits à la mairie, où nous trouvâmes dans la salle-école, couchés sur des matelas et encore vêtus, cinq blessés dont quatre grièvement et un superficiellement à la tête. Celui-ci nous avertit que près de lui avait été tué le jeune Louis Potey, fils de l'un des médecins les plus distingués du Châtillonnais, mais qu'avant de tomber, il avait montré beaucoup d'intrépidité et fait payer chèrement sa vie à l'ennemi.

Ils étaient soignés avec dévouement et intelligence par l'instituteur et sa femme, dont le langage et la physionomie exprimaient les plus vives sympathies pour ces pauvres soldats. Comme cette infirmerie était vaste, nous nous préparions à nous y installer pour y passer la nuit, car les maisons du village regorgeaient d'ennemis, lorsque M. le Curé de Talmay vint nous annoncer que son confrère d'Essertenne nous offrait avec empressement l'hospitalité. Nous fûmes d'autant plus touchés de la bienfaisance de ce digne ministre de l'Evangile, que son presbytère logeait déjà deux officiers badois et la musique d'un régiment; que ses provisions de bouche étaient peu considérables, et que, pour soutenir nos forces, il fut obligé de puiser dans sa *cachette*.

Quelle utile mission est appelé à remplir un modeste curé de village durant l'invasion qui ruine ses paroissiens! C'est à lui qu'ils recourent lorsqu'ils ont à supporter d'excessives déprédations, car ils savent que l'ennemi même le traite le plus souvent avec respect et considération. Durant la soirée que nous passâmes au presbytère d'Essertenne, une pauvre veuve vint faire appel à la protection de son charitable pasteur. Elle n'avait qu'une vache, et des cavaliers allemands s'opposaient à ce qu'elle pût arriver jusqu'à elle pour la nourrir avec son propre fourrage, parce qu'ils voulaient accaparer ce dernier pour leurs chevaux, sans doute avec l'espoir de se nourrir de l'animal affamé. Vite le curé se rend auprès des chefs, plaide la cause de la veuve opprimée, et lui rapporte le droit de nourrir et conserver sa vache, son unique fortune.

A une heure avancée de la soirée, nous nous disposions à souper, lorsqu'on vint nous avertir que notre cocher arrivait avec le fourgon. Nous avions pensé que, soupçonnant quelque obstacle à notre retour, il était rentré à Maxilly avec son équipage; mais on ne lui en avait pas laissé le temps. Après notre séparation, arrivèrent près de la tranchée de nombreux soldats allemands, escortant une multitude de paysans, qu'ils obligèrent à détruire leurs précédents travaux, en comblant la tranchée, et en débarrassant la route des arbres qui y avaient été si inutilement accumulés, en vertu des réquisitions du Comité départemental de la défense nationale. Pendant ce travail, des sentinelles ennemies s'étaient placées à la tête de nos chevaux, et lorsqu'il fut terminé, les troupes allemandes obligèrent le cocher à les suivre jusqu'à Essertenne. Nous sortîmes pour constater l'arrivée de cette voiture, qui devait nous permettre de transporter plus commodément à Gray une partie de nos blessés, et nous acceptâmes l'offre de M. le Curé d'assurer à nos chevaux un abri dans l'écurie du presbytère. En rentrant, nous nous plaçâmes à table en compagnie d'un chirurgien allemand, et d'un jeune capitaine badois qui parlait un très-bon français. La physionomie modeste de ces convives rompit la glace, et nos relations étaient devenues courtoises, lorsqu'on vint m'annoncer que l'ennemi enlevait nos chevaux. Je me précipitai hors la maison, après avoir réclamé l'appui du capitaine qui voulut bien me suivre, et nous trouvâmes dans la cour les deux chevaux de l'ambulance emmenés par deux soldats. Le capitaine leur adressa des observations dont ils ne semblèrent pas tenir compte ; alors il me déclara son impuissance, et m'engagea à faire accompagner les chevaux par notre cocher, afin de pouvoir les réclamer ultérieurement. Je protestai avec la plus vive indignation contre cette odieuse rapine, en déclarant énergiquement qu'il était déloyal de dépouiller du matériel nécessaire à leur mission des hommes pacifiques, neutralisés, venus avec confiance au milieu d'ennemis qui avaient juré d'observer la convention de Genève, et la violaient outrageusement. En même temps, je glissai 20 fr. dans la main de notre exemplaire cocher, qui se résignait tristement à partager le sort de ses chevaux, et demanda le temps de prendre quelques effets dans le fourgon. Ce retard nous fut salutaire; le capitaine, qui s'était éloigné rapidement à la fin de mon violent monologue, reparut bientôt muni de son sabre, et adressa aux soldats quelques paroles qui leur firent immédiatement lâcher prise. Ai-je besoin d'ajouter que les chevaux furent solidement attachés à leur mangeoire, sous la garde de leur fidèle cocher, qui ne négligea pas de pousser à fond les verroux sur les ravisseurs !

Le souper continua, et je m'empressai de remercier cordialement le capitaine de son efficace intervention. Je voyais presque un ami dans cet homme qu'auparavant je m'efforçais par simple politesse de ne pas traiter en ennemi. Telle est l'influence d'un procédé loyal et bienveillant ! Pourquoi les individus, et surtout les peuples, négligent-ils ces puissants moyens de s'estimer et de s'aimer ?

Veiller était inutile, le moment arriva de dormir pendant quelques heures. Nos jeunes ambulanciers trouvèrent place sur le foin et la paille à côté des musiciens allemands, dans un grenier situé au-dessus de notre précieuse écurie, ce qui en assurait la bonne garde. On accorda à notre aumônier la possession exclusive d'un canapé, et le bénéfice de l'âge me fit réserver un lit, dont je ne profitai que pour m'introduire sous la couverture, en conservant mes vêtements, afin d'être bientôt sur pied en cas de mésaventure. Elle nous fut épargnée, et le lendemain matin une personne indiscrète m'informa que j'avais reposé sur le lit du maître de la maison !

En prenant congé de ce bon pasteur, nous le priâmes de vouloir bien obtenir l'autorisation de faire les recherches propres à amener la découverte du corps du jeune Potey, et de conserver les preuves de son identité, afin de pouvoir assurer à notre sympathique confrère la consolation de recueillir la dépouille terrestre, mais glorieuse de son fils. Nous reçumes ultérieurement l'assurance que cette mission funèbre avait été pieusement remplie.

Après avoir obtenu, non sans une attente prolongée, le laissez-passer qui nous était nécessaire pour conduire à Gray nos chers blessés, nous nous attachâmes à introduire dans leurs pansements les conditions destinées à préserver leurs membres troués et fracturés, des secousses qui auraient exagéré leurs souffrances ; et après les avoir installés aussi commodément que possible dans notre fourgon d'ambulance et dans une voiture réquisitionnée, nous nous dirigeâmes vers Gray.

Notre arrivée à Mantoche fut l'occasion d'une émotion populaire ; les habitants nous entouraient en exprimant leur joie de revoir des Français, des compatriotes, au lieu des Allemands, des ennemis, qui traversaient seuls leur village. Nous fîmes arrêter les voitures à la porte d'un café, afin de procurer à nos blessés une boisson cordiale dont on ne voulut pas accepter le paiement. « Les Prussiens m'ont assez volé, s'écria « le cafetier, pour que vous ne me refusiez pas « le plaisir d'offrir, de bon cœur et gratuitement, « quelques consommations à nos défenseurs. » Pendant cette halte, la plupart des ambulanciers avaient été invités par M. de Gérauviller à entrer dans son château où il leur offrit une collation. Lorsque je lui adressai nos remerciements, il nous fit prendre l'engagement de nous arrêter dans sa demeure à notre retour.

Gray nous apparut bientôt, annoncé d'ailleurs par les ravages de la guerre, et surtout la chute d'un pont en fil de fer brisé à coups de canon. Nous procurâmes à une partie des habitants le plaisir de saluer le drapeau national qui s'agitait sur notre convoi, en nous rendant à l'hôpital où l'on accueillit nos blessés avec la plus touchante sympathie. Après avoir contribué à les déposer avec précaution dans d'excellents lits, nous éprouvâmes le besoin de nous éloigner d'une ville si pleine d'ennemis qu'elle cessait de paraître française, et je me rendis chez le commandant de place pour échanger mon laissez-passer. Son antichambre était encombrée ; n'ayant pas le temps d'attendre, je pénétrai dans son cabinet. Son visage s'empourpra, et ses yeux me lancèrent des éclairs.

— Que voulez-vous ? s'écria-t-il violemment.

— Je lui exposai brièvement ma qualité, le but de notre voyage et la nécessité de repartir.

— Ah ! vous faites partie d'une ambulance internationale ! Vos ambulances se conduisent mal envers nous, et je ne vous accorde pas votre demande.

— Je lui répondis d'un ton ferme, que nous remplissions notre mission avec pleine confiance dans la protection de la convention de Genève à laquelle la Prusse avait adhéré, qu'il la violerait s'il refusait de nous laisser partir, et je plaçai sous ses yeux l'art. 3 de ladite convention. Il le lut, fit un geste de mauvaise humeur, et signa un laissez-passer. Craignant un retour offensif, nous nous hâtâmes de partir, et à une heure avancée de la soirée, nous frappions à la porte de M. de Gérauviller, où l'on nous fit attendre parce que les domestiques craignaient d'ouvrir à des Prussiens.

Le lendemain matin, nous venions de nous séparer de notre hôte, l'esprit élevé par sa conversation, et le cœur pénétré de gratitude pour sa parfaite hospitalité, lorsqu'à un kilomètre environ de Mantoche, nous aperçumes dans le lointain des troupes allemandes. Un officier arriva bientôt sur nous à la tête de quelques cavaliers, et aussitôt que sa voix put se faire entendre, nous enjoignit d'abaisser notre drapeau national, bien qu'en vertu de l'art. 7 de la convention de Genève, il doive, *en toutes circonstances*, accompagner le drapeau de la société internationale. Nous nous résignâmes, et après lecture de notre permis de circuler, il nous laissa continuer notre route en longeant la chaussée. Nous cheminions tristement depuis un quart d'heure en croisant le corps prussien, lorsque se précipita vers nous à bride abattue un officier magnifiquement monté, un beau cavalier vraiment, et qui l'eût été bien davantage s'il nous eût abordé d'une façon moins tudesque :

— Retournez, retournez, nous cria-t-il avec violence, en nous indiquant dans les lignes allemandes un vide où nous pouvions pénétrer.

— Mais nous avons un permis de circuler !

— Je n'en tiens pas compte.

— Nous faisons partie d'une ambulance internationale.

— Je ne le sais que trop, vous nous avez fait assez de mal.

Malgré notre position critique, le souvenir de la fable du LOUP et de L'AGNEAU surgit dans ma mémoire, et s'il nous eût abordé courtoisement, je n'aurais pas hésité à lui objecter que nous venions à peine de naître. Mais l'épigramme n'eût fait qu'irriter notre agresseur, et je trouvai plus prudent d'invoquer la convention de Genève, dont je lui tendis un exemplaire.

— Je la connais comme vous, s'écria-t-il, avec tous les signes d'une irritation croissante; allons, allons, ajouta-t-il, en nous montrant dans les rangs ennemis une place où nous entrâmes le cœur ulcéré et contristé.

Vœ victis, malheur aux vaincus! Quel triomphe pour cet oppresseur armé que la concession imposée à des ambulanciers neutres, pacifiques et désarmés! Au lieu de prendre conseil de la force brutale, son devoir consistait à nous aborder avec calme; et puisqu'à la rigueur l'article additionnel 1er de la convention de Genève l'autorisait à différer notre départ pour une courte durée, en cas d'une nécessité militaire, qui d'ailleurs n'existait pas, il devait nous le signaler avec politesse. C'était *la force primant le droit*, ce qui a toujours lieu lorsqu'on ne relève pas de sa conscience, ou qu'on a le caractère dépourvu de sentiments généreux.

Nous pûmes nous convaincre avec amertume combien nos ennemis avaient pour eux la force à un degré très-supérieur à la nôtre, en avançant au milieu de leur puissante artillerie, de leurs phalanges disciplinées, et de toutes les preuves d'une organisation longuement et savamment préparée. C'était une témérité condamnable d'opposer à de tels adversaires des mobiles et mobilisés insuffisamment vêtus, mal armés, et surtout sans un seul canon, que la portée et la charge rapide des armes de guerre ne leur permettaient plus de conquérir, car c'était les envoyer à la boucherie ou en captivité.

Nous traversâmes Mantoche, dont les habitants nous adressèrent de sympathiques regards et des saluts patriotiques, et arrivés au bas de l'amphithéâtre sur lequel Gray s'élève d'une façon si pittoresque, un officier nous montra deux cavaliers en nous engageant à les suivre. Nous gravîmes ainsi jusqu'à la place de l'Hôtel-de-Ville, où un autre officier nous annonça que nous serions retenus pendant trois jours.

— Et après, exclamai-je ?

— On verra.

— Où logerons-nous ?

— Cela vous regarde, mais vous ne devez pas oublier de vous rendre à l'hôpital à huit heures du matin et à quatre heures du soir, pour concourir au pansement des blessés.

C'était déjà un précieux dédommagement, mais nous pensâmes immédiatement à lui en adjoindre un autre. La veille, pendant notre courte apparition, on nous avait informé que quatre à cinq cents mobilisés de la Côte-d'Or, faits prisonniers quatre jours auparavant près de Jancigny, avaient été d'abord enfermés dans l'église de Gray, où les habitants s'étaient empressés de leur porter des secours de toute nature, ce qui avait irrité l'ennemi et provoqué leur transfert dans l'église d'Arc, éloignée d'un à deux kilomètres. Encore la force brutale! Cette sympathie ne faisait-elle pas l'éloge du cœur humain; la vertu n'est-elle donc pas cosmopolite; l'ennemi lui-même ne devrait-il pas l'applaudir et la respecter? Et cet ordre, il a dû émaner d'un chef obligé à donner à ses subordonnés non-seulement l'exemple du courage, mais encore celui de la pitié pour des ennemis placés dans l'impuissance de nuire! Tous ces captifs devenaient naturellement nos amis, et parmi eux nous en avions d'intimes; aussi espérions-nous passer avec eux le plus de temps possible, et leur prodiguer les consolations et les témoignages d'une fervente amitié, lorsque nous reçûmes peu après l'affligeante nouvelle de leur départ pour l'Allemagne.

La sentence de l'officier nous avait un peu surpris; mais nous n'étions pas hommes à nous désespérer, et nous nous demandâmes comment nous parviendrions à loger nos treize personnes, nos deux chevaux et leur fourgon, dans une ville encombrée de Prussiens.

« A l'hôpital, Messieurs, en notre qualité d'hos« pitaliers, nous pouvons espérer y trouver un « asile. »

C'est que je n'avais pas oublié l'accueil obligeant dont nous avaient honoré la veille MM. les Administrateurs, Mme la Supérieure et le respectable aumônier de l'hôpital de Gray. Je demandai Mme la Supérieure, qui m'exprima son vif regret de ne pouvoir nous admettre dans un établissement entièrement habité, et s'empressa d'ajouter qu'elle espérait nous procurer une hospitalité bien préférable. Aussitôt elle expédia quelques domestiques, et bientôt nous vîmes arriver successivement, comme des conjurés auxquels on a envoyé un mot d'ordre, plusieurs dames de Gray. O sublime conspiration de la bienfaisance! Doit-on s'étonner qu'elle se propage surtout parmi les femmes qui l'emportent à un si haut degré sur notre sexe, par la délicatesse du sentiment et la générosité du caractère? Nos protectrices voulurent bien se partager les prisonniers émus par tant de bienveillance, et plus facilement résignés à leur captivité.

J'offris mon bras à une dame d'un extérieur très-distingué, et qui m'avait prouvé que son langage ne l'était pas moins, lorsque nous arrivâmes à son domicile où elle me présenta à son mari, M. Bourgoing, administrateur de l'hôpital de Gray. Leur accueil fut si cordial que je me crus bientôt chez moi; que dis-je! mieux que dans mon propre domicile. Il paraît que cette manière de pratiquer l'hospitalité était une vertu de famille, puisque nos deux chirurgiens-majors, MM. Bourrée et Guérard, qui avaient eu la bonne fortune de tomber en partage à la fille de mes aimables hôtes, Mme Joliclerc, épouse d'un juge au tribunal civil de Gray, m'ont souvent reparlé avec une respectueuse et vive gratitude de leur douce prison, où femme et mari rivalisèrent de bonté.

Bien qu'obligé de me faire très-sommairement l'interprète du souvenir très-reconnaissant conservé par les autres ambulanciers, je ne puis résister au désir d'insister plus spécialement sur celui de l'un de nos aides-majors M. Petit, et du plus jeune sous-aide major M. Affre, qui avaient été conduits chez M. Carnet, le Nestor des médecins de Gray. Ces jeunes pionniers de la science, à laquelle ils ne demandent ses secrets avec tant d'ardeur que pour en faire profiter l'humanité, sont restés à la fois touchés de la bonté paternelle de leur maître, et étonnés de sa profonde érudition qui comprenait même les découvertes les plus récentes.

Je n'avais garde d'oublier l'injonction qui nous avait été faite de contribuer au pansement des blessés. En me rendant à l'hôpital avant quatre heures, je m'arrêtai devant une sinistre affiche, placardée sur beaucoup de points de la ville où elle portait l'effroi et provoquait la haine. Elle était signée : de Werder, et déclarait : « que « quatre habitants d'un village voisin avaient « été fusillés pour avoir tiré sur les troupes al- « lemandes. » Ces malheureux ouvriers ou cultivateurs, parmi lesquels se trouvaient des pères de famille, s'étaient battus avec la conviction que leur qualité de gardes nationaux leur en assurait le droit, et pensaient être traités comme prisonniers de guerre. Aussi lorsqu'on vint leur annoncer leur prochaine exécution, ils tombèrent dans le plus violent désespoir. Enlaçant toute la personne du respectable aumônier de l'hôpital, auquel avait été confiée la pénible mission de les préparer à la mort, et qui m'a fourni ces lugubres détails ; ils le suppliaient d'obtenir leur grâce, et, avec des cris déchirants, invoquaient leurs femmes..... appelaient leurs enfants..... Enfin, il parvint à les résigner, en leur rappelant qu'ils étaient les glorieuses victimes d'un ardent patriotisme, et en faisant pénétrer dans leur âme le beaume des consolations religieuses. Leur mort courageuse fut digne de la noble cause pour laquelle ils avaient combattu !

En me dirigeant tristement vers l'hôpital, je me demandais s'il n'eût pas été d'une politique plus sage, de la part d'un vainqueur, de faire grâce à ces pauvres victimes d'une résistance dont elles ignoraient les conséquences. Une clémence motivée eût imposé au vaincu un sentiment de gratitude et une conduite prudente, tandis qu'un système impitoyable de terreur ne pouvait qu'enraciner dans les cœurs une haine aveugle et provoquer des actes isolés de vengeance.

Lorsque je pénétrai dans le vestibule de l'hôpital, un employé m'informa immédiatement de la part de Mme la Supérieure, qu'elle accompagnait le général de Werder visitant les blessés, et que si je consentais à la rejoindre, elle lui parlerait en faveur de notre ambulance. Mes yeux évoquèrent aussitôt l'arrêt sanglant dont ils venaient de lire la signature, et dans mes oreilles retentit de nouveau la blessante apostrophe de l'officier qui, peu auparavant, nous avait contraints d'entrer dans les rangs d'un corps d'armée que le général de Werder commandait en personne.

Ne croyant pas à sa clémence ni même à sa générosité, et peu disposé à compter sur son urbanité en me rappelant l'impolitesse de trois de ses officiers, je craignis de m'exposer à un accueil blessant contre lequel je serais obligé de protester, et j'envoyai mes vifs remerciements à Mme la Supérieure, en la priant d'intervenir en notre absence. Bientôt l'employé revint m'avertir que le général désirait me parler. Je l'abordai, déjà entouré de plusieurs membres de l'ambulance. Sa physionomie était paternelle, et sur ses lèvres errait un sourire qui n'était pas dépourvu de finesse.

— Que voulez-vous, me dit-il d'un ton bienveillant ?

— Général, nous désirons rentrer à notre ambulance de Maxilly.

— Pourquoi pas à Dijon ? Nous y sommes !

— Mais, général, la plus grande partie de notre personnel est à Maxilly, et nous attend avec une impatience inquiète. En nous éloignant d'elle, il y a trois jours, nous pensions la rejoindre dans la soirée, et nous avons laissé sous sa garde notre matériel, ainsi que nos bagages dont les objets de première nécessité nous font défaut.

— Venez me voir à six heures !

Nous saluâmes, sans nous mêler au cortége d'un ennemi vainqueur, même durant sa visite à des blessés.

Je me gardai bien de manquer à son invitation, et en m'y rendant j'eus l'occasion d'observer une forme des innombrables vexations qui harcèlent une ville envahie : un soldat allemand ivre frappait des deux poings dans les volets d'un magasin avec tant de violence, qu'on entendait à chaque coup la chute retentissante du vitrage brisé. Ses camarades passaient et laissaient faire; les habitants aussi laissaient faire, sachant bien que leur réclamation pourrait donner lieu à de sanglantes représailles.....

Nous sommes à Dijon, avait dit le général ! Ainsi notre chère capitale de la Bourgogne supportait, elle aussi, le joug d'un ennemi vainqueur et le poids écrasant de ces incessantes exigences. Le dimanche 30 octobre, à quatre heures du soir, au moment où le général annonçait la prise de Dijon par ses troupes, elles étaient maintenues à distance par une résistance désespérée, qui n'avait pour but que de sauvegarder l'honneur de la cité. Werder le savait bien, et connaissant les éléments fragiles de notre défense, venait de diriger sur Dijon une partie seulement de son corps d'armée, lorsque nous eûmes le chagrin de le rencontrer rentrant à Gray sans coup férir.

Avant six heures du soir j'attendais dans l'antichambre du général, où un domestique m'informa que son maître était en conférence. Six heures sonnent, la porte s'ouvre, Werder apparaît, me cherche des yeux, m'aperçoit et m'invite à suivre un planton auquel il adresse quelques mots. En gravissant deux étages, je pensai à l'exactitude rigoureuse et polie, dont un commandant en chef d'armée venait de donner l'exemple, et ne pus me défendre contre un sentiment de considération pour ce représentant d'une salutaire discipline, dont l'absence était si funeste à nos armées improvisées.

Mon guide me fit pénétrer dans une pièce, où je trouvai un officier supérieur assis devant une table chargée de cartes géographiques. Aussitôt il se leva en m'indiquant un siége, et me demanda le but de ma visite. Il parut le comprendre avec la rapidité d'un homme qui en était informé, et me signa une autorisation de départ.

— Pouvons-nous partir ce soir, demandai-je?

— Non, ce serait une imprudence, attendez jusqu'à demain matin.

Après avoir échangé un salut avec ce courtois

officier, je m'empressai de porter l'heureuse nouvelle à mes camarades d'ambulance.

L'Hôtel-Dieu fut choisi pour la réunion de départ, car nous désirions ne pas nous éloigner, sans avoir fait agréer le respectueux hommage de notre gratitude à l'excellente supérieure dont la bienveillance nous avait été si utile, et nous voulions encore faire visite à nos pauvres blessés, bien installés et soignés dans le service de M. Prieur, auquel la chirurgie est redevable d'un appareil à fracture très-ingénieux, qui a dû rendre de nombreux services pendant cette guerre ensanglantée.

Après avoir épuisé tous nos devoirs, nous quittons Gray, traversons Mantoche et Essertenne, en envoyant du fond de nos cœurs un reconnaissant souvenir à des hôtes aimés, faisons une courte halte à Talmay pour y reprendre nos boîtes à opérations et à pansements, dont les sœurs de Saint-Vincent-de-Paul avaient bien voulu accepter la garde, et atteignons enfin notre ambulance de Maxilly.

Elle était veuve de la portion notable de l'ambulance dont nous nous étions séparés quatre jours auparavant. Le docteur Rosier à qui j'en avais confié la direction, inquiet de notre absence prolongée, envoya aux informations, et apprit qu'on nous avait obligés de nous rendre à

Gray. L'époque de notre retour étant incertaine, il regarda comme superflu de prolonger le séjour de l'ambulance à Maxilly, dont les blessés devaient être visités avec exactitude par nos confrères de Pontailler : MM. Joliot et Moyret.

« Le 30 octobre, dans l'après-midi, a-t-il consi-
« gné dans un rapport succinct, nous nous diri-
« gions avec tout le matériel du côté d'Auxonne,
« où nous espérions trouver les lignes fran-
« çaises, après avoir laissé entre les mains de
« Mme Texier, une note destinée à informer
« M. Dugast de la route que nous avions prise.
« Mais, à Pontailler, notre itinéraire est changé
« par le canon que nous entendons gronder du
« côté de Mirebeau ; nous nous portons dans la
« direction du combat, et après vingt-quatre
« heures nous arrivons le 31 au soir à Dijon
« qui avait été le théâtre de l'action. »

Pour nous aussi, le séjour de Maxilly devenait sans attrait, puisque notre présence y était inutile.

Nous accordâmes à nos chevaux deux heures de repos, que nous consacrâmes à visiter les malades et les blessés restés en petit nombre dans les deux ambulances Pataille et Texier, et bientôt nous arrivâmes à Pontailler. On ne put nous y fournir que de vagues renseignements ; le canon s'était fait entendre la veille du côté de

Dijon, mais sa voix était devenue silencieuse dans la soirée; on n'avait aucune nouvelle du résultat de la lutte... Même incertitude à Vonges, village connu par sa poudrerie. Mais en entrant à Etevaux, nous rencontrâmes des piétons, venant de Dijon, qui nous communiquèrent les tristes nouvelles de la lutte inégale et infructueuse de la veille, et de l'occupation de cette ville par l'ennemi durant la journée qui touchait à sa fin.

L'horloge d'Etevaux allait sonner minuit, et depuis neuf heures du matin, nos chevaux n'avaient eu que deux heures de repos à Maxilly; les blessés de la veille devaient être relevés et pansés, et l'invasion, dont nous avions subi à Gray les amères prémices, motivait notre répugnance à rentrer dans une ville occupée par l'ennemi. Nous résolûmes donc d'attendre ici le jour. Une auberge reçut les chevaux et leurs cochers; je n'étais pas inconnu au maire du village, M. Lafontaine, que je réveillai impitoyablement pendant son premier sommeil, et qui nous fit, ainsi que sa femme, un accueil aussi empressé qu'après une longue et douce nuit. Grâce à plusieurs habitants qu'il associa à son insommie temporaire et à sa patriotique indulgence, nous pûmes reposer pendant quelques heures.

Le lendemain 1er novembre, tristes et silencieux, nous traversâmes Binges, puis Arc-sur-Tille, Varois, Saint-Apollinaire, occupés par les troupes ennemies, et arrivâmes à Dijon avec l'intention de nous diriger vers le conservatoire de musique, mis obligeamment par la municipalité à la disposition de l'ambulance, dès sa création ; car le grondement du canon et les gémissements de la patrie avaient imposé aux pianos et aux chants un pieux et douloureux silence. Mais M. le vicomte Raoul de Saint-Seine, fidèle aux traditions exemplaires de sa famille, avait offert à notre comité, qui l'avait choisi pour son vice-président, une large hospitalité à l'hotel de Saint-Seine, qu'occupaient en partie les bureaux et autres dépendances de la société internationale, et où nos chevaux et notre matériel trouvèrent asile et sécurité.

Dans les bureaux du comité affluaient des familles inquiètes de la disparition de quelques-uns de leurs membres, sur lesquels on ne pouvait leur donner de renseignements ; ce qui me détermina le lendemain de notre retour, à demander au commandant de place prussien, l'autorisation de parcourir les lieux où des blessés pouvaient avoir été recueillis.

Parti le 3 novembre avec M. Petit, l'un de nos aides-majors, nous couchâmes à Maxilly après avoir exploré les villages intermédiaires. Nous ne retrouvâmes à notre ancienne ambulance que deux malades, l'un Allemand, affecté d'un érysipèle à la face; l'autre, appartenant aux mobiles de l'Yonne, et qui souffrait d'un rhumatisme articulaire. Tous deux reçurent les témoignages de nos sympathies; mais nous nous attachâmes à les traduire par la mimique la plus expressive au soldat étranger, dont l'isolement augmenté par l'ignorance de notre langue excitait notre pitié, et à qui nous désirions inspirer une reconnaissance, qui éprouverait le besoin de s'épancher, et profiterait à nos nationaux. Sous ce dernier rapport, notre déception a été complète, ainsi que le prouve l'extrait suivant d'une lettre que m'adressa le 28 avril, M. Pataille, l'un de nos infirmiers :

« Cet homme, atteint d'un érysipèle, n'était « pas facile à soigner, avait le délire, se levait la « nuit, ouvrait les portes et il fallait changer son « linge plusieurs fois par jour. Le docteur prus- « sien vint le voir à l'improviste deux fois; la « dernière il le trouva prenant une purgation. Il « ne put s'empêcher d'admirer la façon dont on « le soignait.

« Le 6 novembre, il l'envoya chercher. Cet « homme, qui paraissait reconnaissant, s'en « allait à regret, et offrit même de l'argent qu'on « refusa.

« Le samedi 12 novembre, Maxilly fut occupé « de nouveau. Ce jour-là les Prussiens se mon- « trèrent dans l'ambulance d'une exigence in- « croyable, et se *contentèrent seulement de mal- « traiter une femme enceinte,* qui pendant quinze « jours avait soigné leur compatriote; l'interven- « tion de M. le Curé fut nécessaire. Le lendemain « 13 novembre, quelques heures après leur dé- « part, survint une autre nuée d'envahisseurs. « En présence de leurs méfaits, on invoqua le « titre d'ambulance internationale, on parla au « chef de son compatriote si bien soigné. Mais ce « fut en vain; ceux qui, au mépris de tous les « traités, avaient déchiré avec leurs baïonnettes, « la feuille *visée par le comité, où se trouvait la « croix de la convention de Genève*, ne pou- « vaient écouter de semblables raisons. Le chef « refusa, en termes formels, d'arrêter l'orgie qui « commençait, et qu'il avait autorisée. Il avait « livré l'ambulance à deux heures de pillage; il « dura toute la nuit. Et de plus, sous le même « toit, sous ses yeux se trouvait un mobile du « département de l'Yonne, perclus de douleurs, « dont ses hommes firent tout le temps l'objet de « leur risée. Ils lui mirent un jupon de femme, « un grand chapeau, et le contraignirent à tenir « une ombrelle. C'est en vain que ce malheureux « leur criait : Laissez-moi, laissez-moi; ils le for-

« cèrent à rester *debout au milieu d'eux,* et dan-
« sèrent autour de lui en chantant : *Mobile!*
« *Mobile! Soldat d'un jour.* C'est ainsi qu'ils
« traitaient un soldat français, et nous récompen-
« saient des soins qu'on avait donnés dans notre
« ambulance à un des leurs. Pour combler la
« mesure de leur reconnaissance, le plafond
« *de la chambre même où* leur compatriote avait
« reçu des soins, devait s'effondrer par suite
« d'un incendie. Sans les prompts secours de
« gens dévoués, il ne serait plus resté de notre
« ambulance que des débris fumants. Il y a
« même un fait important à signaler, c'est que
« ceux qui ont montré le plus de mépris pour
« l'ambulance portaient le brassard, et faisaient
« partie de l'ambulance prussienne. Quant à
« leurs rapines, ils les entassaient dans leurs voi-
« tures à dômes, sur lesquelles flottait le drapeau
« de la convention de Genève.

« Tels sont, Monsieur, les faits sur lesquels
« vous m'avez demandé des détails un peu cir-
« constanciés. Encore ne vous ai-je donné que
« ce qui peut trouver place dans votre rapport.
« J'ai eu soin d'écarter tout ce qui ne touche pas
« directement au caractère même de l'ambu-
« lance que vous nous aviez fait l'honneur d'éta-
« blir dans notre maison ».

Ces renseignements n'ont pas besoin de commentaires, et je me hâte d'ajouter que le lendemain nous quittâmes ces lieux qui devaient être le théâtre de telles sauvageries, pour rentrer à Dijon, en visitant Talmay, Jancigny, Cheuge, Renève, Mirebeau et Magny-Saint-Médard. A l'ambulance de Talmay, nous retrouvâmes une partie des blessés que nous avions contribué à secourir. A Jancigny, les habitants s'étaient empressés de recueillir plusieurs victimes du combat qui avait eu lieu sur leur territoire, et dont quelques-uns étaient grièvement blessés. Parmi eux, nous distinguâmes un jeune docteur en droit, que sa complexion fine et ses formes délicates prédestinaient à l'étude qui avait ses préférences, mais que les désastres de la patrie avaient assujetti au rude et périlleux métier des armes. Le long trajet de la balle qui avait traversé l'une de ses cuisses, l'hémorrhagie consécutive, et l'ébranlement que détermine chez les sujets nerveux un projectile de guerre, avaient notablement affaibli le blessé, au chevet duquel était fixée une *mère douloureuse*, dominant son anxiété, et fortifiée dans cette lutte par son mari, M. Chenot, ingénieur en chef du canal de Bourgogne. Puissions-nous avoir contribué à rassurer et consoler par notre pronostic favorable, ces parents alarmés dont les nombreux amis ont partagé l'inquiétude et l'allégresse !

L'un des blessés aurait pu fournir une énigme à l'un de ces malicieux professeurs, véritables sphinx des examens, où ils se plaisent à mettre à la torture l'esprit de leurs victimes.

— Pourriez-vous me dire, Monsieur, comment une même balle a pu déterminer six ouvertures et trois trajets ?

— Et le candidat de chercher vainement la trajectoire qui doit lui donner la solution du problème.

Je puis lui servir de souffleur, et décrire ce long pansement qui a nécessité tant d'eau phéniquée, dont nous laissâmes une ample provision au blessé, heureusement pourvu de la constitution la plus vigoureuse. Elle n'avait pas été altérée par ses blessures rapidement cicatrisées, lorsque je reçus la visite de ce brave garçon, qui venait se plaindre d'éprouver, à chaque changement de temps, des douleurs à l'origine des cuisses. Comme il n'était pas bachelier-ès-lettres, je fus privé du plaisir de lui citer la glorieuse claudication d'Agésilas, et réduit à lui prédire que les Prussiens l'avaient gratifié de deux baromètres, sans alcool ni mercure, qui l'avertiraient longtemps des variations atmosphériques, et lui rappelleraient son dévouement à la patrie, sans l'empêcher d'aider son patron dans la confection des succulents jambons qu'il expédie sur tous les points du monde.

Cheuge possédait et choyait un unique blessé à la légère, qui refusa de rentrer à Dijon, parce qu'il préférait être le premier dans ce petit village.

Bien que satisfaits des soins qu'on leur prodiguait, six blessés ou malades acceptèrent une place dans notre omnibus souvent arrêté depuis Mirebeau, durant la nuit sombre, par le *Werda* des sentinelles auxquelles notre aide-major renvoyait autant de *Lazareth*, de sa voix la plus vibrante, en même temps que j'exhibais notre laissez-passer. C'est avec amertume que je comparais la téméraire et aveugle confiance de nos troupes si peu nombreuses, avec les précautions multipliées contre toute surprise par un ennemi qui couvrait la France de ses armées.

Jacquemart frappait onze heures sur la sonnerie de l'église Notre-Dame, lorsque nous heurtâmes à la porte de l'hôtel de Saint-Seine, dont l'ambulance accueillit avec son empressement habituel quatre de nos voyageurs. Celle de la Visitation fut ouverte avec non moins de bonté à un blessé domicilié dans la banlieue, qui craignait de tomber dans une patrouille prussienne, et ne rentra que le lendemain dans sa famille, à la faveur d'un déguisement. Enfin, je sonnai discrètement, rue Piron, à la porte du père le plus barbu, pour lui remettre un fils des plus imberbes, impatient de guérir d'une blessure en séton *pour rendre*, disait-il, *aux Prussiens, la monnaie de leur pièce.*

Une fenêtre s'ouvre au premier étage.

— Qui est là ? demande une voix douce.

— C'est moi, mère !

— Ah ! mon Dieu...

.... Et la mère était déjà suspendue au cou de son fils.......

Vraiment, si elle n'eût elle-même ouvert la porte, j'aurais pu croire qu'elle s'était élancée du haut de la fenêtre.

Alors, je rentrai chez moi, plus heureux que ce jeune César romain, dont la coiffure laissait à désirer, mais dont la morale est restée sublime : *Je n'avais pas perdu ma journée !*

Le lendemain, samedi 5 novembre, on apportait dans l'après-midi à l'hôtel de Saint-Seine, siége de la société internationale, des renseignements sur un engagement meurtrier qui avait eu lieu, disait-on, entre Genlis et Cîteaux ; et le lendemain matin, ces confidences étaient passées à l'état de rumeur publique. La présence de l'ambulance mobile sur le théâtre du combat étant motivée, je fis avec M. le Délégué principal de la société des secours aux blessés une démarche auprès du commandant de place, pour que notre ambulance fût autorisée à se porter au secours des combattants. La réponse fut polie, mais négative, sous le prétexte que les ambulances prussiennes étaient suffisantes. 'Attenter à notre liberté étant arbitraire ; nous réclamâmes le droit de sortir des lignes prussiennes, ou au moins de pouvoir, au milieu d'elles, relever et soigner indistinctement amis et ennemis. Le commandant de place ajourna sa réponse au lendemain, afin de prendre l'avis du général.

La solution était importante puisqu'il s'agissait de décider si, contrairement à la convention de Genève, on dépouillerait une ambulance mobile du droit de remplir sa mission. Nous priâmes donc M. Dubois, maire de Dijon, président du Comité d'organisation, et deux membres de celui-ci, M. le docteur Blanc, et M. le vicomte Raoul de Saint-Seine, de vouloir bien s'associer à nos démarches, et nous nous rendîmes avec eux chez le commandant, qui répondit négativement au nom du général. Cette fin de non recevoir motivant nos réclamations pressantes basées sur les statuts de la convention de Genève, le colonel nous conseilla de traiter la question en litige avec le prince de Hohenlohë, qui représentait dans l'armée allemande la susdite convention. Le prince nous reçut avec politesse, mais refusa de laisser l'ambulance sortir des lignes prussiennes, bien qu'elle acceptât d'avance la direction qu'il croirait devoir lui imposer, pour assurer, pendant un temps convenable, le secret de la situation militaire allemande. A notre observation, qu'alors la convention de Genève cessait d'être respectée, il répondit que le général était autorisé à n'en pas tenir compte, en s'appuyant sur les nombreuses infractions commises par les Français.

La perspective de l'inactivité à laquelle était arbitrairement condamnée une ambulance mobile réveilla mon indignation, et je déclarai au prince que puisqu'on nous refusait de nous laisser sortir ostensiblement, nous aurions recours à des stratagèmes pour recouvrer notre liberté, et que n'ayant pas respecté la convention de Genève, il n'aurait pas le droit de protester contre notre évasion. Le prince rougit vivement, et répliqua d'une voix irritée : « Ce sont les Français « qui ont abusé de la convention de Genève : vos « troupes ont tiré sur moi, bien que mon brassard fût très-visible. C'est sous un brassard « d'ambulance porté par M. de Bussières qu'ont « été trouvées des lettres destinées à être in- « troduites dans Strasbourg, et Bourbaki est sorti « de Metz à la faveur de cet insigne de la con-

« vention de Genève. » Nous répondîmes que ces actes ignorés de nous étaient loin d'avoir notre approbation, et d'ailleurs ne pouvaient engager notre responsabilité.

Le prince se calma, m'invita à formuler par écrit la demande qui avait motivé notre dernière démarche, et que voulut bien signer le président du Comité. Elle lui fut remise à quatre heures du soir, et deux heures après on me transmit la réponse suivante :

« Le prince de Hohenlohë a l'honneur de « faire part à M. Dubois, maire de Dijon, de « la décision *affirmative* de Son Excellence le « général de Bayer, concernant l'autorisation « d'envoyer huit membres de l'ambulance inter- « nationale de Dijon, à Aiserey, pour chercher « des blessés, et de les placer dans les hôpitaux « les plus rapprochés. Le général de Bayer de- « mande que l'ambulance internationale mobile « s'engage à rentrer, après le placement des bles- « sés dans lesdits hôpitaux, à Dijon, et de ren- « dre compte au prince de Hohenlohë de la mis- « sion qu'elle a entreprise. »

Le lendemain s'effectua notre départ dans la direction de Saint-Jean-de-Losne. Afin de recueillir des renseignements, nous fîmes halte à Longecourt, chez M. le comte Sixte de Saint-Seine, où nous étions assurés d'avance qu'une ambulance de secours aux blessés serait accueillie de façon à justifier au plus haut degré la devise : *Noblesse oblige.* Mais on ne put nous fournir aucun détail précis sur le lieu et l'importance du combat.

A Aiserey, terme de notre voyage, conformément au laissez-passer, nous apprîmes qu'un engagement avait eu lieu à Brazey-en-Plaine, où nous crûmes devoir nous rendre pour compléter notre mission. Là on nous informa que, trois jours avant, une escarmouche avait eu lieu entre un détachement de francs-tireurs et environ cinq cents Prussiens pourvus d'artillerie, qui avaient subi des pertes sérieuses, tandis que nous n'avions eu que cinq blessés dont un seul grièvement, tous soignés à Saint-Jean-de-Losne.

Pendant que nous explorions le théâtre de l'engagement qui avait eu lieu le long du canal, dont un pont et les peupliers offraient les traces nombreuses des balles et des boulets, nous aperçûmes à un ou deux kilomètres, dans la direction de Saint-Jean-de-Losne, une troupe armée qu'on nous dit composée de francs-tireurs du récent combat. Nous reprîmes immédiatement la route de Dijon, parce que nous aurions cru manquer à un engagement d'honneur en cédant à notre désir d'entrer en relations avec eux. D'ailleurs l'ennemi, informé par ses espions, n'eût pas manqué de dissoudre notre ambulance, et peut-être de faire expier plus rigoureusement à ses membres leur prétendue forfaiture. Mais on nous avait remarqués, et nous fûmes bientôt rejoints par deux cavaliers qui ordonnèrent à notre cocher d'arrêter sa voiture. Je descendis aussitôt, et donnai aux deux officiers de francs-tireurs, sur notre situation compromettante et la nécessité de notre prompt retour à Dijon, des explications dont ils reconnurent immédiatement la justesse, et nous nous séparâmes amicalement. Puis nous regagnâmes promptement Dijon, en ne prenant à Aiserey que le temps de faire exprimer à M. le comte Léjéas le regret de ne pouvoir jouir de son hospitalité offerte avec tant d'obligeance, et au château de Longecourt celui de reprendre notre cheval en échange de celui qu'on nous avait pressé d'accepter.

Notre retour s'effectua tristement, car l'obligation d'éviter les troupes françaises, pour ne pas compromettre l'existence de l'ambulance, nous avait affligés, et nous sentions que nous ne pourrions à l'avenir accepter une mission avec ces conditions défiantes et vexatoires. N'était-il pas indigne d'une nation puissante et jusqu'alors victorieuse, d'entraver l'action d'une association de bienfaisance !

Le lendemain eut lieu ma visite au prince de

Hohenlohe, auquel je rendis compte de notre rapide voyage, sans dissimuler la rencontre de nos francs-tireurs, et le sacrifice que nous nous étions imposé pour respecter nos engagements. « Vous ne pouvez douter, prince, ajoutai-je, que « la plus scrupuleuse loyauté sera toujours la « règle de notre conduite, et rien ne s'oppose « à ce que vous nous laissiez rejoindre l'une de « nos armées. » Je n'obtins qu'une réponse évasive, dilatoire; il était évident que la convention de Genève était pour l'ennemi lettre morte, et nous cherchions le moyen de nous soustraire adroitement à cette oppression, lorsque s'offrit l'occasion la plus favorable.

Le 12 novembre, à huit heures du matin, les troupes allemandes se dirigeant du côté de Gray, avaient entièrement évacué Dijon, pour y rentrer après deux jours d'absence. A deux heures de l'après-midi, l'ambulance ayant rallié personnel et matériel, sortait par une porte diamétralement opposée.

Le nombre de ses membres avait subi une réduction notable que j'avais moi-même provoquée, parce qu'il m'était déjà démontré, combien il était difficile et onéreux, d'installer le personnel et le matériel d'une nombreuse ambulance dans les pays qui regorgent de troupes; et qu'en outre une partie des infirmiers est souvent condamnée à une longue et énervante oisiveté. La plupart de ces emplois étant confiés dans notre ambulance à des séminaristes, j'ai eu le vif regret de demander à plusieurs le sacrifice de la mission qu'ils avaient sollicitée, et dont ils se sont séparés avec une déférence cordiale, et une abnégation d'autant plus méritoire qu'ils s'étaient équipés à leurs frais, et n'avaient accepté ni solde ni indemnité. Le regret de les perdre s'est dissipé ultérieurement, lorsque j'acquis la preuve que leur zèle n'eût été utilisé que pendant deux mois environ, sur les quatre mois et demi de notre campagne, tandis qu'il a trouvé à s'exercer sans interruption dans la vaste ambulance du grand séminaire, trop alimentée par les combats dont la Côte-d'Or a été le théâtre, et où j'avais eu l'occasion d'admirer leur dévouement et leur élan patriotique, lorsque j'y fus chargé d'un service des blessés évacués après nos premiers désastres.

La convenance de restreindre le nombre des membres d'une ambulance mobile est devenue de plus en plus évidente pour moi, non-seulement parce que son installation est plus facile, son utilité plus constante, et ses dépenses moindres, mais encore parce que le matériel est moins compliqué, l'organisation plus simple, la responsabilité moins étendue et plus éclairée, les éléments de désordre moins nombreux, l'entente cordiale plus unanime, et l'autorité du chef d'autant plus facilement acceptée qu'elle peut adopter un caractère paternel. Nous avons apprécié nous-mêmes que les vastes ambulances sont obligées de s'alléger en se disséminant en escouades, et la société nationale de secours aux blessés a ordonné, pour cause d'indiscipline, la dissolution d'ambulances trop nombreuses.

Aussi, pendant les dix jours que les Prussiens nous obligèrent à passer à Dijon, je proposai de diviser l'ambulance en deux parties égales sous le rapport du nombre et des emplois du personnel; mais je ne crus pas devoir insister sur ma proposition, parce qu'elle ne ralliait pas les chirurgiens de l'ambulance, auxquels il était pénible de briser les liens d'excellente confraternité qui les unissait déjà d'une façon intime.

Cette situation exceptionnelle n'a pas modifié mon opinion, et je persiste à croire que, dans la prochaine organisation de nos forces militaires, il serait avantageux de prévoir par département deux ambulances volantes, composées chacune de vingt membres, savoir :

Deux chirurgiens-majors dont un en chef,

Deux aides-majors,

Deux sous-aides,

Un pharmacien chef,

Un pharmacien adjoint.

Un aumônier,

Un comptable,

Sept infirmiers, dont un chef, soit un pour chaque chirurgien de tous grades,

Trois cochers.

Le matériel principal se composerait de six chevaux, de deux fourgons à bâche et d'un omnibus à douze places. Toutes ces voitures seraient disposées de façon à pouvoir être traînées par un ou deux chevaux à volonté, suivant les nécessités à prévoir.

Les deux fourgons auraient pour principale destination le transport du matériel considérable d'une ambulance; mais en cas de besoin, on les ferait servir à transporter commodément des blessés et des malades, ainsi que nous en avons fourni la preuve, surtout à Essertenne et à Bourges. Le même emploi pourra être assigné d'urgence à l'omnibus plus spécialement affecté au transport rapide des ambulanciers.

Chaque ambulance pourrait même être subdivisée temporairement en deux fractions, en cas de grandes opérations sur des points différents, ou de multiplication des services, de façon à garantir la pratique des premières, et à assurer tous les soins nécessaires à des blessés ou malades.

Quels soins précieux assurerait à nos armées, en tous lieux, la complète et intelligente organisation de ces ambulances, composées d'hommes jeunes et valides, probablement compris dans l'armée par suite de l'extension de l'âge fixé pour le service militaire, et qui s'attacheraient à acquérir d'avance et au plus haut degré les connaissances relatives à leur importante mission : hygiène militaire, anatomie, opérations, modes de transport des blessés, maladies des camps, etc., ce dont on garantirait la preuve à l'aide de sérieux concours ou examens.

Le nombre de sept infirmiers doit paraître insuffisant, et il le serait en effet, si l'on ne désignait pas d'avance dans chaque régiment un certain nombre de soldats, pour faire le service des brancardiers, et au besoin celui d'infirmiers qui seraient détachés temporairement de leur corps en proportion des besoins, et si l'on n'était pas pourvu au quartier général des mulets à cacolets, et autres moyens de transport nécessaires aux blessés.

Ces précautions utiles pour les ambulances de

combat cessent de l'être pour celles des villes, où il sera facile, j'en suis certain, de fonder et constituer des sociétés d'ambulanciers de chaque sexe. Elles se rattacheraient aux comités représentant dans chaque arrondissement la société de secours aux blessés, et recruteraient des membres dans les chefs-lieux de canton, et même dans de modestes villages. Ainsi, un vaste réseau de bienfaisance couvrirait la France, et partout nos soldats blessés ou malades trouveraient des asiles pour les recevoir, des ressources prévues, les soins intelligents et dévoués d'ambulanciers animés d'une patriotique ardeur ou d'une charité brûlante.

Avec des personnes dominées et guidées par des sentiments aussi élevés, on n'aura pas à redouter les scandales, et même les crimes, dont se sont rendus coupables dans certaines villes, des soldats poltrons ou traînards, transformés d'urgence en infirmiers, qui entraînaient leurs malades à la débauche, ou négligeaient de soigner ceux gravement atteints possédant des ressources pécuniaires, afin de dépouiller leurs corps agonisants ou leurs cadavres.

Je désire chasser de ma mémoire ces hideux souvenirs de faits qui, grâce aux honnêtes gens avertis, ne se renouvelleront plus, et je m'empresse de revenir à l'ambulance de la Côte-d'Or donnant un noble exemple de désintéressement, et se hâtant de profiter du départ des Prussiens pour rejoindre nos armées.

III

Campagne de la Loire.

Avant de s'éloigner une seconde fois de Dijon, les membres de l'ambulance avaient pris une généreuse détermination. S'associant aux épreuves difficiles traversées par les habitants de cette ville et d'une partie du département, aux charges que leur imposait le logement d'un vainqueur plein d'exigences, et aux réquisitions incessantes qui les accablaient, ils résolurent de faire abandon de leurs appointements, dont ils n'avaient touché que le premier mois pour faire face à leurs dépenses d'entrée en campagne. La solde ne fut continuée qu'à un petit nombre de membres dépourvus de ressources pécuniaires, par exemple aux cochers, à qui ce sacrifice eût été trop onéreux. Ce désintéressement me causa une vive satisfaction, car il assignait à nos fonctions d'ambulanciers leur véritable caractère, celui d'un apostolat auquel on se donne tout entier, en trouvant sa récompense dans la satisfaction intime et parfois la joie ineffable, qui résultent d'un dévouement sans réserve. C'est parce que je l'avais ainsi compris que, dès le début de la campagne, j'avais refusé indemnité et appointements, afin de ne pas amoindrir et déflorer une mission à laquelle j'éprouvais le besoin de me dévouer. Les exigences de mon patriotisme devaient être nécessairement plus prononcées; car, enfant on m'endormait en chantant les victoires de la patrie, dans ma jeunesse j'avais lu avec enthousiasme et fierté les glorieux récits des luttes gigantesques de la révolution et de l'empire ; toujours la France m'avait paru la première des nations; aussi étais-je irrésistiblement entraîné par ses désastres et son abaissement à tout lui sacrifier, même le reste de mon existence.

Par suite de la réduction du personnel, nous n'étions plus que vingt en sortant de l'hôtel de Saint-Seine, lorsque je fus frappé de l'expression de tristesse de l'un des ex-infirmiers, péniblement résignés et vivement regrettés, qui assistaient à notre départ pour nous accompagner de leurs vœux. C'était un serrurier mécanicien, fils unique d'une veuve qu'il faisait vivre de son travail, et engagé dans notre ambulance pour servir son pays en exposant moins une vie indispensable à sa pauvre vieille mère.

« Jacotin, prenez votre sac et venez avec « nous, » lui criai-je à la satisfaction générale. Il ne fit pas répéter l'invitation, et nous partîmes vingt et un, le cœur épanoui par cette adjonction fraternelle.

Notre première étape était Cîteaux, d'où nous devions nous diriger, suivant les renseignements obtenus, vers Saint-Jean-de-Losne ou Seurre. Nous arrivâmes à une heure avancée de la soirée dans cette ancienne abbaye de Cîteaux, devenue un important pénitencier, habité par environ huit cents détenus, jeunes apprentis du vol et du crime que la justice a mis dans l'impossibilité de nuire, et que la charité se charge de transformer de façon à rendre à la société des membres utiles et honnêtes. Quelques familles préoccupées de leur honneur, y placent aussi des enfants au caractère pervers, avec l'espérance, habituellement justifiée, qu'ils s'amélioreront sous l'influence du régime physique et surtout moral, qu'a introduit dans cet établissement son vénéré fondateur M. l'abbé Rey, resté directeur honoraire après avoir confié la direction active à un autre prêtre beaucoup moins âgé, M. l'abbé Donat, digne d'une telle succession. J'avais eu l'avantage, comme chirurgien et médecin, de rendre service à ce pénitencier, et M. l'abbé Rey m'honorait depuis longtemps de son amitié ; précédents bien inutiles, car notre qualité d'ambulanciers était une recommandation suffisante pour nous assurer une réception fraternelle ; nous fûmes donc accueillis comme des frères. Le lendemain matin, après avoir été obligés de faire violence aux directeurs de cette œuvre, pour leur faire accepter la compensation pécuniaire de leurs fournitures, nous nous retirâmes pénétrés d'admiration pour leur dévouement, et je remerciai la Providence de nous avoir offert de tels modèles au début de notre campagne sur un autre terrain de la charité.

Nous traversâmes Aubigny, Brazey-en-Plaine, et à peine entrés dans Saint-Jean-de-Losne, nous nous rendîmes à la mairie pour obtenir des renseignements sur l'apparition possible des Allemands, de l'autre côté de la Saône que nous avions l'intention de franchir. En même temps que nous arrivait un officier d'état-major, qui nous annonça que la route était libre jusqu'à Parcey, où le commandant Bourras s'attendait à être attaqué le même jour ou le lendemain au plus tard. L'officier d'état-major ayant reçu l'ordre de faire sauter partiellement ou en totalité plusieurs ponts, et, ce qui nous intéressait vivement, une partie de celui de Saint-Jean-de-Losne, nous demandâmes qu'on voulût bien différer cette destruction jusqu'à notre passage, que nous nous gardâmes de retarder.

Lorsque, peu de temps après, des tourbillons de fumée s'élevant dans l'atmosphère annoncèrent que le feu opérait son œuvre, je me demandais quel pouvait en être l'avantage, puisque les forces ennemies, occupant Gray, étaient à cheval sur la Saône, et pouvaient descendre à volonté les deux rives de ce fleuve. Mais je m'arrête et avec raison, car je ne suis qu'un enfant perdu d'Esculape, et conviens de mon ignorance en stratégie. Combien il est regrettable que tous les avocats n'aient pas également reconnu leur incompétence en si grave matière, car la France n'aurait pas subi d'aussi cruels désastres, et l'Alsace ainsi que la Lorraine mutilées, ne nous montreraient pas inexorablement la funèbre perspective de sanglantes représailles et d'une lutte implacable.

Lorsque vint la nuit, nous arrivions au premier village du Jura situé sur notre route, Saint-Aubin dont les habitants, maire et médecin en tête, montrèrent beaucoup d'empressement dans leur accueil. La réception fut d'abord moins avenante pour notre aumônier et nos deux infirmiers séminaristes qui, se proposant de passer la nuit sous le toit presbytérial, conformément à une habitude qu'ils jugèrent convenable d'adopter autant que possible, se rendirent à l'église, où M. le Curé faisait avec ses paroissiennes des prières publiques en faveur du succès de nos armes. Au moment où nos ambulanciers pénétrèrent dans le temple, des cris d'alarme, des cris de détresse retentirent : *Mon Dieu, mon Dieu, nous sommes perdus, voilà les Prussiens!*

Nous sommes Français, nous faisons partie d'une ambulance, se hâta de crier de sa voix la plus éclatante notre aumônier, que sa robe blanche dominicaine avait peut-être fait prendre pour un dragon blanc prussien, à la lueur vacillante d'une lampe d'église de village. La prière s'acheva dans le calme, et sans doute avec plus de ferveur, car cette population rurale devait sentir plus vivement après une telle émotion, combien elle avait besoin de la protection divine pour échapper à l'invasion et à ses ruineuses conséquences.

De Saint-Aubin nous gagnâmes Chaussin, puis Rahon, après nous être croisés avec des détachements de mobilisés du Jura, qui nous affirmèrent que les troupes du commandant Bourras n'avaient pas été attaquées, et qu'un faubourg de Dôle avait seul reçu la visite d'un petit nombre de Prussiens, qui s'étaient éloignés en entendant sonner le tocsin.

A Rahon, je profitai du temps d'arrêt nécessaire au repos de nos chevaux, pour obtenir avec facilité de l'obligeance du meunier de ce village une voiture pour me transporter à Parcey, et apprécier le degré d'utilité de notre ambulance sur ce point de la défense.

Après avoir observé à la partie moyenne de la descente qui conduit au pont de Parcey sur la Loue, des soldats travaillant à élever des épaulements en terre et fascines, destinés à protéger le tir de deux pièces de campagne déjà placées dans leurs embrasures, je traversai le pont au delà duquel la route était couverte de soldats mobiles ou mobilisés. Au moment où je m'engageais au milieu d'eux, arrivait au galop sur un cheval baigné d'écume, un officier multi-galonné que les soldats entourèrent sans lui donner le temps de mettre pied à terre. Il leur annonça que n'ayant pu se procurer de chaussures confectionnées, il avait été obligé de se borner à acheter du cuir destiné à cet emploi, et les exhorta à la patience. Alors de la tête de ces jeunes soldats j'abaissai mes regards vers leurs pieds, dont plusieurs étaient abandonnés par leurs chaussures, et me rappelai avec tristesse cette composition de *Charlet*, dans laquelle ce spirituel artiste fait passer en revue des volontaires de la première République dont les pieds sont enveloppés de paille, et auxquels leur chef annonce que la patrie, satisfaite de leur civisme, décerne à chacun d'eux une paire de sabots.

Ayant demandé à un jeune soldat, s'il pouvait me faire connaître le lieu où se trouvait le commandant Bourras; il m'indiqua une maison voisine, et me conduisit au premier étage où je fus reçu par M. Bourras conversant avec son état-major. Lorsque j'eus exposé le but de ma visite, le commandant me répondit que ses troupes étaient pourvues de chirurgiens assez nombreux pour satisfaire aux besoins du service de santé, et qu'il me conseillait de rejoindre l'armée qui achevait de se constituer à Chagny pour se diriger vers la Loire. Le conseil m'était trop agréable pour ne pas le porter rapidement à l'ambulance, qui en éprouva la même satisfaction, et avec laquelle je revins à Chaussin pour y passer la nuit.

Bien que l'hospitalité des habitants fût telle qu'on devait l'attendre de gens de cœur et de patriotisme, je dois une mention spéciale à M. le Curé et à M. le docteur Jezerski, ainsi qu'à Mme la marquise de Valdahon, dont j'avais eu souvent l'honneur d'apprécier les hautes qualités du cœur et de l'esprit, et chez laquelle je crus convenable de m'installer avec les voitures, les cochers et leurs chevaux, car on l'aurait désobligée en l'oubliant dans cet appel à l'hospitalité. Bien quelle fût éloignée de sa demeure, je n'eus à regretter que son absence, car son régisseur connaissait ses habitudes généreuses, et n'ignorait pas qu'elle m'honorait de sa confiance et de son estime.

En sortant de Chaussin, nous nous proposions de coucher à Verdun-sur-le-Doubs, mais une pluie abondante et continue rendant moins praticables les routes déjà défoncées par le passage de troupes nombreuses, nous imposa l'obligation de nous arrêter à Pierre.

M. le Maire mit beaucoup d'empressement à nous procurer des logements chez M. le marquis d'Etampes, le docteur Curé, etc., et je le priai de me réserver avec les cochers et leurs chevaux à M. Paillot, qui avait résigné peu d'années auparavant les fonctions de secrétaire général, qu'il remplissait avec beaucoup de distinction à la préfecture de la Côte-d'Or, et eût été blessé de l'oubli inconvenant de ses anciens administrés.

La réception de M. et Mme Paillot fut telle qu'on devait l'attendre de personnes, dont l'éloignement avait laissé des regrets vifs et durables, au sein de la meilleure société de Dijon. Ils m'adressèrent gracieusement le reproche de ne pas avoir amené avec moi toute l'ambulance à laquelle ils auraient été heureux d'offrir l'hospitalité, et s'attribuèrent d'avance ceux des membres qui rencontreraient quelque difficulté à se loger.

L'occasion de profiter de cette délicate réclamation fut bientôt offerte par notre aumônier, qui, se voyant importun à la personne chez laquelle il s'était présenté avec son billet de logement, vint me faire part de son embarras, et céda aux obligeantes instances faites pour le retenir.

Les troupes françaises dirigées des Vosges et de la Franche-Comté sur Chagny, avaient semé la route de nombreux malades, et motivé à Pierre la création d'une ambulance déjà encombrée, où nous eûmes le regret de constater le mélange contagieux de plusieurs maladies et surtout de la variole; observation que nous eûmes trop souvent l'occasion de faire durant le reste de la campagne. On cesserait d'avoir à regretter une aussi dangereuse confusion, grâce à la prévoyance et à l'intervention active des sociétés d'ambulance dont j'ai déjà indiqué les nombreux avantages et demandé la création, et qui prendraient avec intelligence les mesures nécessaires pour prévenir la propagation des maladies contagieuses, sauvegarder la santé des habitants, et ne pas exposer les malades à des complications mortelles.

Le lendemain matin, nos hôtes, déjà si parfaitement obligeants, ajoutèrent à notre gratitude en nous invitant à leur faire visite après la campagne, afin d'être associés par notre récit à nos douloureuses émotions, et aux efforts de l'ambulance pour amoindrir les misères de nos soldats.

Lorsque j'arrivai sur la route où j'avais assigné le rendez-vous du départ, et où les voitures avaient été envoyées d'avance, ne retrouvant qu'une faible partie du personnel, j'en conclus que Pierre était pour les autres membres une nouvelle Capoue, et afin de leur en faire expier les délices par une marche accélérée, je donnai l'ordre de partir.

Verdun, où le Doubs verse ses eaux dans la Saône, était encombré de troupes, dont les unes étaient dirigées sur Chagny, tandis que d'autres remontaient vers le Jura. Entre Pierre et Verdun, nous nous étions déjà croisés avec un bataillon qui revenait sur ses pas, et dont les marches et contre-marches avaient non seulement pour résultat de fatiguer le soldat, mais encore de diminuer sa confiance dans le commandement.

Après avoir laissé à Verdun les renseignements destinés à nous faire rejoindre par les retardataires, nous revenions à Ciel pour y prendre la route de Chalon-sur-Saône lorsque nous eûmes la satisfaction de les rencontrer. Je ne m'étais pas trompé sur la cause de leur retard : la faute en devait être attribuée aux procédés trop attachants de leurs hôtes, qui les avaient fait arriver tardivement sur le lieu du départ. Ils marchaient d'un pas rapide pour atteindre les voitures, lorsqu'à Terrans ils tombèrent dans une *surprise*. M. Ernest de Loisy, informé de l'arrivée à Pierre de l'ambulance de la Côte-d'Or, les attendait au passage, et les engagea à s'arrêter dans sa belle résidence. Comment résister au frère de M. A. de Loisy, qui nous avait fait à Arceau, le premier jour de notre campagne, un accueil si sympathique? L'ambulance n'avait qu'à se soumettre, et je crois bien qu'elle se rendit sans velléité d'opposition. Après le déjeûner qui eut lieu prestement, les ambulanciers montèrent dans un omnibus, que M. de Loisy avait eu l'attention de leur faire préparer pour rattraper le temps perdu ; et c'est ainsi que nous nous rejoignîmes d'une façon si opportune.

Ces détails semblent d'abord puérils, et cependant ils renferment un persuasif et salutaire enseignement. En s'éloignant de leurs foyers, les membres de l'ambulance avaient cru adopter, pour toute la durée de leur mandat, une vie de fatigue et de privations, et ne s'attendaient pas à jouir de temps en temps du bien-être des touristes, dont le style léger s'impose parfois à ma plume. Lorsqu'il leur arriva d'être accueillis avec des égards exceptionnels, ils ne se firent pas illusion, et sentirent toujours que la bienveillance dont ils étaient comblés ne faisait qu'augmenter leurs devoirs envers les malades et les blessés de nos armées. Nous les représentions auprès de nos hôtes, et la sollicitude ainsi que l'intérêt qu'ils nous témoignaient, avaient pour but de préparer des médecins et chirurgiens valides, affectueux, et dévoués aux victimes de la guerre, parmi lesquelles se trouvaient parfois un époux regretté, un fils chéri, un ami éprouvé, et toujours les enfants de la France. Nous avons lu dans vos cœurs, ô nos hôtes bienfaisants! et les nôtres, toujours fidèles appréciateurs des sentiments qui animèrent votre accueil, nous les rappelaient avec plus de vivacité, lorsque nous avions besoin de redoubler de force et de dévouement dans l'accomplissement de nos devoirs.

Au déclin du jour nous arrivâmes à Chalon-sur-Saône où, après avoir pourvu au logement du personnel et du matériel, j'allai m'asseoir auprès d'un foyer intime. Le lendemain matin,

BIBLIOTHÈQUE NATIONALE R.F.

impatient d'obtenir les renseignements destinés à motiver l'itinéraire de l'ambulance, je me rendis à Chagny, où ayant constaté que les troupes étaient activement dirigées sur Gien, par la voie du chemin de fer, pour y former la première armée de la Loire, je me hâtai de rentrer à Chalon, afin d'en sortir le lendemain avec l'ambulance.

A notre arrivée à Chagny, je courus à l'état-major dans le but d'obtenir pour le personnel et le matériel un permis de transport qui me fut accordé, et que je m'empressai de porter à la gare. Le jeune capitaine d'état-major qui en avait la direction, et y exerçait une autorité toute militaire, crut devoir ajourner notre départ au lendemain matin. Je m'ingéniai pour trouver un asile à l'ambulance, ce qui n'était pas facile dans cette ville plus qu'encombrée, où des soldats de toutes armes piétinaient dans les rues transformées en lacs, lorsque j'eus le plaisir de rencontrer un Dijonnais de distinction, M. de Beuverand, auquel je dus l'avantage d'être présenté à M. de Maizières, qui voulut bien admettre nos voitures dans sa cour, nos chevaux dans son écurie, et nos personnes sur un fenil, où les soldats s'étaient succédé en y laissant une paille hachée et probablement *animée*. Le propriétaire de ce dortoir s'excusa de ne pouvoir faire mieux, en ajoutant que son appartement était entièrement occupé par des officiers supérieurs. Je n'eus pas besoin d'exhorter à la résignation nos jeunes ambulanciers, que la perspective de ce coucher inusité disposait plutôt à la gaîté et à des plaisanteries, et je les engageai à pourvoir à leur nourriture en se dispersant individuellement, car notre comptable avait échoué dans ses démarches pour nous procurer un repas de corps.

Les premiers rayons du jour leur permirent de secouer leurs vêtements, et de se rendre à la gare où notre départ avait été indiqué pour neuf heures du matin. Mais les heures et les trains se succédaient sans que nos voitures fussent admises sur les trucs. Enfin, à quatre heures, elles sont installées entre des trains d'artillerie et d'équipage et des wagons-écuries transportant des chevaux de cavalerie; cavaliers, fantassins et ambulanciers envahissent à leur tour les wagons; un sifflement aigu se fait entendre, et le train s'ébranle en se dirigeant vers Gien. Nous faisons partie de l'armée de la Loire. . . . . . Vive la France!

Jusqu'à une heure avancée de la soirée, nous trouvâmes à chaque gare les populations accourues pour saluer au passage une armée destinée à contribuer au salut de la patrie, et à imposer des limites à l'invasion qui s'avançait, hélas! en semant la dévastation et la ruine. S'annonçant à distance comme un vaste incendie qui projette dans l'atmosphère ses reflets rougeâtres, le Creuzot nous apparut bientôt, semblable à une porte de l'enfer, vomissant des flammes et des tourbillons de fumée, et je compris pourquoi ses ouvriers incandescents deviennent facilement la proie de la lave révolutionnaire.

Le lendemain 20 novembre, le jour naissait lorsque le train arriva près Gien. Il fut obligé de s'arrêter à distance, parce que la gare était encombrée par les wagons dont on déchargeait le matériel de l'armée. Informé que le tour de nos chevaux et de nos voitures ne pourrait avoir lieu que dans l'après-midi, j'engageai les membres de l'ambulance à se répandre dans Gien pour y recueillir des renseignements, et à se grouper à la gare au milieu du jour. En me rendant à Gien, distant de près d'un kilomètre, je traversai un premier campement sur un terrain détrempé par les pluies, ce qui devait provoquer les maladies qu'engendre l'humidité, surtout parmi les turcos, ces enfants bronzés du désert, dont les tentes étaient dressées dans le voisinage de la gare. Mes impressions médicales devinrent encore plus pénibles, lorsqu'arrivé sur le point culminant de Gien, j'aperçus le camp principal établi sur la rive gauche de la Loire et longeant ce fleuve. Mon premier soin fut de me rendre à la mairie, pour y obtenir les moyens d'installer l'ambulance de façon à ce qu'elle pût rendre le plus de services. M. le Maire me déclara qu'elle serait très-utile, mais qu'il lui était absolument impossible de pourvoir à nos logements avant le jour suivant, et nous conseilla de passer la nuit dans l'un des villages voisins.

J'informai de cette réponse les ambulanciers réunis à la gare, et nous fîmes choix de Dampierre, situé à onze kilomètres, où nous nous rendîmes aussitôt que nos voitures et nos chevaux eurent été mis à notre disposition. Ayant été informé que dans ce village était situé le château de M. de Béhague, éleveur très-renommé, l'un de ces riches si exemplaires qui font servir leur fortune au perfectionnement de l'agriculture et à la vulgarisation de ses progrès, je résolus d'y solliciter un asile; et en arrivant au milieu de la plus profonde obscurité, je me fis conduire à son habitation. Le propriétaire était absent, mais les personnes auxquelles était confié le soin de le représenter dans cette exploitation, nous accueillirent avec empressement, et ajoutant leurs provisions à celles très-insuffisantes dont nous étions pourvus, parvinrent à constituer un souper vivement réclamé par nos estomacs, et que nous trouvâmes excellent malgré l'absence de côtelettes

Béhague, ce produit de l'élevage si recherché par les ultra-gourmets.

Le lendemain matin, nous fûmes admis à visiter un musée d'une rare valeur pour son propriétaire, puisque chaque toile représentait un des animaux élevés sur son exploitation et primés dans l'un des grands concours de l'agriculture. Nos regards s'en détachèrent bientôt pour se fixer sur un magnifique portrait, dont la bienveillante et noble expression nous fit regretter davantage l'absence du maître de ces lieux. Mais ce qui nous initia surtout à son caractère, ce fut son portrait-charge, très-finement exécuté par un crayon ami, qui l'a représenté sur le dos d'un mouton colossal, avec cette inscription :

A L'ÉLEVEUR LE MIEUX ÉLEVÉ.

Aussi nous nous sentions honorés d'avoir été ses hôtes lorsque nous partîmes pour Gien, où notre rentrée eut lieu dans la matinée.

M. le Maire remplit immédiatement ses engagements en nous fournissant les moyens de loger l'ambulance et son matériel. Les voitures furent reçues sous un hangard; les chevaux trouvèrent ailleurs litière au fond d'une allée longue et étroite, dans une sorte de case si exiguë que je m'inquiétai de la manière dont on les en ferait sortir, lorsque je fus rassuré par l'un de nos cochers qui assouplissait son attelage avec l'adresse d'un écuyer du cirque olympique. Mais ce qui nous causa une vive satisfaction, ce fut le siége assigné à notre ambulance, dans une maison voisine du pont qui conduisait au camp riverain de la Loire. Au rez-de-chaussée se trouvait un vaste magasin dont on avait enlevé et dirigé les marchandises sur un département éloigné, dans la crainte qu'elles ne fussent pillées par les Allemands, et qui donnait déjà asile à quelques soldats malades couchés sur la paille derrière les comptoirs. Je faisais connaissance avec cette ambulance improvisée, lorsque notre comptable vint m'informer que nous étions menacés de famine, parce qu'on refusait de lui vendre du pain et de la viande sans aucune autorisation. Celle-ci relevant de M. l'Intendant militaire, je me présentai chez ce fonctionnaire, qui me conseilla de régulariser notre situation en nous attachant à un corps d'armée; proposition qui nous était trop agréable pour ne pas y adhérer immédiatement; et c'est ainsi que nous devînmes l'une des ambulances du 18e corps.

L'occasion d'être utile étant enfin obtenue, nous nous empressâmes d'en tirer le meilleur parti. Deux des aides-majors se rendirent, le matin et dans l'après-midi, aux deux camps, afin d'y faire le service des bataillons dépourvus de chirurgiens, et diriger les malades sur les ambulances hospitalières de Gien, et les valétudinaires sur notre magasin-ambulance, dont les soins étaient confiés à un aide et aux sous-aides. Mais nous n'avions pas seulement à satisfaire leurs besoins médicaux ; la confusion inhérente à l'organisation trop précipitée de l'armée, fit abandonner à notre sollicitude les moyens de pourvoir à l'alimentation et à la réparation des forces de ces défenseurs déjà épuisés. Nous y parvînmes, non-seulement à l'aide de bons alimentaires délivrés par l'intendance, mais encore avec le bouillon, les potages et autres aliments préparés, que nous apportaient avec une touchante sympathie, plusieurs dames du voisinage, que nous avions informées du dénuement de nos pensionnaires, et des difficultés que nous éprouvions à y mettre fin. Leur nombre s'accrut bientôt de façon à encombrer le local, et je m'occupais de la création d'une succursale dans un magasin également abandonné, lorsque survint l'ordre de notre départ. Cette œuvre, bien qu'humble et peu considérable relativement au chiffre de l'armée, ne fut pas sans utilité, car elle enraya, chez ces intéressants soldats, la marche d'un état morbide qui serait devenu grave, et nous permit en relevant leurs forces, de les rendre à la défense du pays.

Mais notre intervention la plus utile consista dans notre participation aux soins réclamés impérieusement par cinq cents malades environ, qui encombraient les salles d'une ambulance considérable, improvisée dans les bâtiments des importantes manufactures de faïence et boutons, paralysées comme tant d'autres industries par cette guerre ruineuse. Dès notre retour à Gien, M. Sarra, maire de cette ville, me parla dans un langage ému de ce dépôt hospitalier auquel n'était attaché qu'un seul médecin militaire, et avant qu'il eut achevé son récit, avait reçu l'offre de notre concours le plus empressé.

Chaque matin, je me rendis avec les trois chirurgiens-majors de l'ambulance, notre pharmacien, nos boîtes de médicaments, et plusieurs infirmiers dans ce vaste asile où le chirurgien résidant, qui y déployait le zèle le plus remarquable, nous remit plusieurs salles du service qui excédait ses forces. Elles étaient encombrées de malades, auxquels étaient assurés le logement et la nourriture, mais qui étaient entièrement privés de soins, de médicaments, de linge de rechange, etc. Ils étaient atteints d'affections dont les conditions humides des campements devaient nous faire prévoir la nature, et parmi lesquelles prédominaient le rhumatisme articulaire et les inflammations aiguës des voies respiratoires. On n'y remarquait pas encore ces maladies caractérisées par une profonde sidération des forces, produites par les fatigues excessives, les privations de toute nature, et les causes variées d'épuisement dont nous eûmes à soigner les victimes à une époque plus avancée de la campagne. Mais, à travers ces malades, étaient disséminés de nombreux cas de variole qui se propageait ainsi rapidement, et dont il importait d'arrêter la contagion en isolant ceux qui en étaient atteints. C'est à deux de nos infirmiers, MM. Chanlon et Noirot, que fut confiée cette tâche méritoire, je pourrais dire périlleuse, car si c'est un acte de bravoure de s'exposer avec résolution au feu de l'ennemi, le mépris du danger fut également nécessaire à ces deux ambulanciers qui, avec les plus charitables précautions, ont soulevé de leurs couches pour les déposer sur un brancard, puis transporté à distance et replacé dans de nouveaux lits, une centaine de varioleux, dont la peau tuméfiée et recouverte de boutons purulents, exhalait une odeur nauséabonde, et dégageait les miasmes contagieux d'une affection habituellement mortelle au sein des agglomérations de malades. La façon exemplaire dont ils s'acquittèrent de ce devoir, de cette mission d'honneur, excita l'admiration de ceux qui en furent témoins, et l'un des membres fondateurs les plus distingués de la société française de secours aux blessés, M. le comte Melchior de Voguë, actuellement notre ambassadeur à Constantinople, voulut bien s'en faire auprès de moi le chaleureux interprète.

Le 25 novembre, à huit heures du matin, l'armée qui avait paru ne séjourner à Gien, que pour compléter ses cadres, et améliorer son organisation si défectueuse, se mit en marche dans la direction du Nord, pour aller à la rencontre de l'ennemi. C'était l'heure de notre visite à l'ambulance de la faïencerie, qui nous retint jusqu'à midi. Ce fut la dernière, car notre devoir nous appelait à suivre le 18e corps auquel nous étions attachés régulièrement, et j'avais reçu de M. l'Intendant militaire en chef du 18e corps l'avis suivant : « Je compte sur le concours de l'ambu-
« lance de la Côte-d'Or, et je vous serai recon-
« naissant de donner des ordres pour le départ
« de tout ce que vous avez de disponible en per-
« sonnel et en matériel. » Je m'y résignai avec chagrin, en pensant que pour assurer à nos troupes en marche des services douteux, nous nous séparions de soldats malades auxquels nous avions la certitude d'être utiles, que dis-je! nécessaires. Ce qui augmentait mon regret, c'est que dans un moment de sympathie exaltée par l'aspect lamentable de ces infortunés malades

dépourvus des soins les plus indispensables, j'avais promis à M. le Maire que notre ambulance ne laisserait pas reproduire une aussi déplorable situation.

Que faire? Je ne devais pas me séparer d'une ambulance dont j'avais accepté la direction; je n'avais pas le droit de la fixer à un service sédentaire, puisque son caractère essentiel était déterminé par son titre de *Mobile*, et qu'elle était d'ailleurs attachée à un corps d'armée en marche. Convenait-il de détacher de l'ambulance volante quelques chirurgiens pour les conserver à l'ambulance fixe de Gien? Je n'en avais pas le droit, et je savais qu'il serait inutile pour obtenir ce résultat de recourir à la persuasion, à cause de l'union intime des membres de l'ambulance, tous pleins d'ardeur, tous doublés d'un soldat, et aspirant à faire partie d'une armée en bataille.

Il n'était pas possible de soumettre la difficulté au délégué régional qui avait donné l'impulsion à notre organisation, car la distance où il se trouvait ne permettait pas d'obtenir une solution en temps opportun; et cependant c'est à lui que devait appartenir la responsabilité de toutes les déterminations imprévues, susceptibles de provoquer des mécontentements dans les ambulances mobiles, d'en troubler l'harmonie, et d'y compromettre les rapports de confiance et de confraternité.

Il serait présomptueux de ma part de prévoir quelle sera la coopération de la société française de secours aux blessés dans la guerre de revendication, dont un impitoyable et imprudent ennemi a imposé le devoir à la France. Mais si, comme il est probable, cette société est autorisée à pourvoir libéralement à l'organisation et à l'entretien d'ambulances volantes attachées à nos armées en campagne, il sera nécessaire qu'un délégué la représente auprès de chaque armée, afin de pourvoir aux besoins imprévus des ambulances, d'assurer leur discipline, de déterminer, suivant les circonstances, le mode le plus utile de leurs services, et d'écarter, avec l'entente de l'autorité militaire, les difficultés et même les conflits qui peuvent entraver leur précieux concours.

A deux heures de l'après-midi, nous nous dirigeâmes à la suite de l'armée vers Nogent-sur-Vernisson. Nos voitures n'avançaient qu'avec lenteur, parce qu'à cette époque humide de l'année, les routes déjà effondrées et creusées de profondes ornières par le passage de l'artillerie et des équipages, devinrent presque impraticables, sous l'influence d'une pluie continuelle. Grâce à la vigueur des deux chevaux attelés au fourgon, et à l'adresse de notre cocher, nous atteignîmes

Boismorand, à treize kilomètres de Gien, au moment où la nuit commençait à étendre son voile ténébreux. Pendant la courte halte que nous fîmes dans le village pour faire reprendre haleine à nos chevaux, je pus constater que les habitations renfermaient déjà plusieurs soldats malades, obligés de rester en arrière de l'armée. Nous continuâmes notre route, mais la nuit devint tellement sombre, à cause de l'épaisseur des nuages qui versaient toujours des torrents de pluie, que la rencontre d'un groupe de maisons me détermina à y demander asile pour la nuit. Il y avait place pour nos voitures et nos chevaux, et nous étions d'autant plus assurés de coucher à l'aise sur un fenil, que plusieurs des membres de l'ambulance, impatients de la lente progression de nos chevaux, avaient pris sur nous une avance considérable, qui les plaçait dans la nécessité de pourvoir à leurs besoins jusqu'à notre réunion du lendemain, ce que leur intelligence et leur caractère résolu devaient rendre facile.

Au moment où je me disposais à gravir l'échelle conduisant au grenier à fourrage dont la jouissance nous était assurée, je m'aperçus de la disparition de M. Pataille, l'un des infirmiers compris dans notre groupe, et en fis l'observation. Un homme de la localité répondit qu'il s'était fait conduire au château des Bézards, chez

M. Louis d'Eichthal, son parent. M. d'Eichthal, pensais-je, mais c'est un nom très-connu dans les finances, et qui n'est pas étranger aux lettres.

— L'habitation de M. d'Eichthal est-elle éloignée, demandai-je à mon interlocuteur ?

— De quelques centaines de mètres.

— Alors veuillez être assez obligeant pour m'y conduire.

Il prit l'une de ses lanternes, me précéda complaisamment, et me mit en rapport avec un domestique qui m'annonça en m'introduisant dans un beau salon, où je trouvai Mme d'Eichthal avec notre infirmier Pataille. « Madame, lui dis-je, en « saluant très-profondément, il y a sept ou huit « siècles, des troubadours seraient venus solliciter votre hospitalité en plaçant sous votre « protection la renaissance des lettres ; les temps « sont bien changés ! aujourd'hui, ce sont des « ambulanciers allant au secours des blessés de « la France, qui sollicitent de vous les moyens « de les soulager. »

— Soyez les bien-venus, me répondit-elle gracieusement ; au moment de votre arrivée, j'engageais M. Pataille à vous offrir de ma part une hospitalité, que j'espère rendre le moins imparfaite possible. J'envoyai aussitôt prévenir nos camarades, afin de les faire profiter sans retard d'un aussi bienveillant accueil.

Mme d'Eichthal voulut bien nous informer qu'elle vivait seule dans cette campagne avec son unique enfant, parce que son mari était officier d'ordonnance du général Bourbaki, qui venait d'être chargé du commandement de la 1re armée de la Loire. Dès nos premiers désastres, M. d'Eichthal éprouva au plus haut degré le besoin d'augmenter le nombre de nos défenseurs, et dans son âme s'engagea une lutte pénible, entre le Français déplorant son inutilité, et l'époux et le père redoutant de quitter et d'affliger les objets de ses plus vives affections, sa jeune femme et son enfant, âgée de quatre à cinq ans, charmante de gentillesse, et ravissante avec sa chevelure blonde et ondoyante, ses cils d'archange, et ses yeux du plus bel azur. Voyant que cette sourde agitation altérait la santé de son mari, Mme d'Eichthal prit une résolution sublime : « Puisque votre inaction vous consume, lui dit-elle, partez, « mon ami, je serai de moitié dans votre sacrifice. » Il écrivit immédiatement au général Bourbaki, alors commandant en chef de l'armée du Nord, qui le choisit pour son officier d'ordonnance. Cette situation rendait les regrets de l'absence moins amers à cause de l'amitié qui les unissait au général, dont la bravoure chevaleresque et le sentiment exalté de l'honneur leur étaient tellement connus, que Mme d'Eichthal dé-

plorait qu'on lui eût imposé le commandement de la 1re armée de la Loire, trop rapidement improvisée, et qui offrait si peu d'éléments sérieux de résistance. « Parce que, ajoutait-elle avec un dou-
« loureux pressentiment, le général Bourbaki ne
« se résignera pas à survivre à la défaite de son
« armée. »

Qu'on se garde de croire que les exemples d'un tel dévouement à la patrie ont été rares, durant la cruelle épreuve que la France vient de traverser, et dont elle subit les conséquences ! J'en connais plusieurs autres, et l'un me touche d'autant plus vivement, qu'il m'a été fourni par un jeune ménage, avec lequel j'échange des sentiments très-affectueux, et qui habite une charmante campagne dans un petit village du département de l'Isère, à quelques lieues de Lyon.

Après la capitulation de Sedan, rien ne put retenir le mari dans son domicile, ni la surveillance d'une belle fortune, ni les objections de ses amis, ni les remontrances de sa famille, ni les larmes de sa jeune compagne, ni les caresses de ses trois enfants. Il courut à Paris s'engager dans les tirailleurs à cheval, se conduisit naturellement avec bravoure, eut un cheval tué sous lui, et ne rentra dans sa maison désolée, que lorsque la famine et le bombardement obligèrent Paris à cesser toute résistance. Il trouva sa femme pâle, affaiblie et amaigrie, car ses angoisses conjugales lui avaient fait partager au plus haut degré les privations, les fatigues et les émotions du siége; mais le retour d'un mari bien-aimé, et qu'elle sentait encore plus digne de sa tendresse, rendit bientôt à sa peau sa fraîche et brillante carnation, et à sa constitution sa force et sa richesse.

C'est dans un livre d'or que devraient être enregistrés les exemples de ces nobles dévouements, qui contrastent avec la lâcheté dont se sont rendus coupables de jeunes célibataires, qui ont fui sur une terre étrangère et pacifiée, pour y mettre en sûreté leur existence vouée à une énervante oisiveté, et trop souvent à de scandaleuses jouissances. Je voudrais, pour leur imprimer la flétrissure qu'ils méritent, pouvoir reproduire une lettre adressée par une dame de Neufchâtel à une Française de ses amies, dans laquelle elle exprimait avec une verve indignée le profond mépris qu'on éprouvait en Suisse, pour ces lâches déserteurs, qui venaient y étaler leur impudente inutilité, alors que la France avait besoin de tous ses défenseurs.

Mme d'Eichthal, à laquelle je fis part de mon regret, qu'une partie de l'ambulance fût privée des témoignages du bienveillant intérêt dont elle daignait nous honorer, m'offrit avec empressement d'envoyer à Nogent-sur-Vernisson une voiture pour les ramener, ce que je m'empressai d'accepter. Le domestique étant revenu sans avoir trouvé aucun de nos ambulanciers, que leurs croix auraient dû faire reconnaître, une seconde tentative eut lieu sous la direction de l'un de nos infirmiers, qui ne réussit pas davantage dans ses recherches.

Nous fûmes admis après le souper dans une pièce renfermant des raretés du domaine de l'histoire naturelle, que M. d'Eichthal avait recueillies, durant un voyage fait avant son mariage, dans les régions septentrionales de la Russie. Oserai-je avouer qu'en admirant cette collection, le souvenir du voyage en Tartarie, etc., du missionnaire *Huc* revint à ma mémoire, et en même temps le facétieux calembour d'un autre voyageur plein de brio, de jeunesse et de gaieté :

« Encor' si jeune et déjà si père Huc, »

Et je fus pris de l'un de ces rires de collégien qui agitent parfois ma barbe grise, et que je me hâtai de réprimer, afin qu'il ne semblât pas irrévérencieux à une maîtresse de maison d'une distinction si parfaite.

Le lendemain matin nous eûmes le secret de cet accueil exceptionnel ; Mme d'Eichthal avait son ambulance..... et nous avait réservé la charmante surprise de la visiter comme bouquet de sa réception. Dans sa ferme avait été disposée une portion composée de plusieurs chambres assez vastes pour recevoir plusieurs lits, de façon que les blessés pouvaient être distribués et isolés, suivant les indications de la science et les exigences du traitement. Rien n'y manquait : siéges commodes, couchettes abondamment pourvues de leur matériel, tables de nuit, tablettes à tisane, tables à toilette avec leurs accessoires, livres et tables à jeux variés. Le pot à tabac au large ventre et le porte-cigare n'avaient pas même été oubliés. Ai-je besoin d'ajouter qu'avant de penser à l'accessoire, on avait amplement pourvu au nécessaire : médicaments, draps, chemises, pièces à pansement de toutes formes, et charpie en abondance.

J'ai déjà indiqué l'utilité ou plutôt la nécessité d'établir, sur tous les points de la France, des sociétés d'ambulanciers des deux sexes ; la création anticipée de cette ambulance ne prouve-t-elle pas combien l'application de cette idée serait féconde sous l'impulsion des femmes de bien si nombreuses en France. Je connais plusieurs de ces angéliques créatures, qui font exécuter les ouvrages d'aiguille nécessaires à leur maison, par des ouvrières auxquelles elles tiennent à réserver l'occasion de gagner le salaire nécessaire à leur existence, et qui consacrent leur journée à travailler pour les pauvres ! Avec quelle ardeur ne prépareraient-elles pas les moyens de soigner nos chers soldats ? Sous leur influence, ou plutôt leur souffle presque divin, on organiserait dans tous les châteaux, dans toutes les maisons de campagne, et par conséquent dans tous les villages, des ambulances sur lesquelles blessés ou malades seraient évacués, disséminés, et soignés au sein des meilleures conditions hygiéniques.

Combien de fois, en trouvant nos malades et nos blessés couchés sur la paille, dépourvus des objets de première nécessité, n'ayant personne à leur chevet pour leur offrir des médicaments et des aliments, et leur adresser une parole d'encouragement et de consolation qui a tant de prix pour celui qui souffre loin de sa famille et de ses amis, ai-je pensé à l'ambulance d'Eichthal, où tant de victimes de la guerre ont dû se succéder, en rétablissant leurs forces et en recouvrant la vie, sous l'influence de soins éclairés et d'intelligentes et douces sympathies.

Après avoir pris congé de Mme d'Eichthal, avec la plus respectueuse gratitude, en formant au fond de nos cœurs des vœux, que Dieu a exaucés, pour que son digne mari lui fût rendu sain et sauf, nous trouvâmes à la porte son omnibus qu'elle mettait délicatement à notre disposition, sans doute pour nous fournir les moyens de rallier à Nogent-sur-Vernisson, le reste de l'ambulance, avant l'arrivée de nos trop lentes voitures.

Nous étions attendus avec une fiévreuse impatience, car nos aventureux camarades, dépourvus de leurs sacs et de leurs couvertures de voyage restés sur le fourgon, étant arrivés à Nogent-sur-Vernisson par une pluie des plus drues, avaient difficilement trouvé à s'abriter dans ce bourg plongé dans les ténèbres et déjà encombré par l'armée. Aussi s'étaient-ils empressés, à l'arrivée du jour, de quitter les greniers et autres gîtes encore plus humbles qui les avaient reçus. Leur mésaventure ne fit qu'ajouter à notre regret, de n'avoir pas partagé avec eux la charmante hospitalité dont nous venions de jouir.

Nous ne pûmes obtenir à la mairie des renseignements sur la direction qu'avait prise le 18e corps; mais étant vaguement informés que l'ennemi faisait face à la route qui s'étendait d'Orléans à Montargis, nous nous dirigeâmes vers le point central des opérations militaires. Lorsque nous fûmes arrivés à Changy-les-Bois, j'engageai l'ambulance à s'y reposer, tandis que j'opérerais une reconnaissance rapide, à l'aide de l'omnibus mis à notre disposition avec deux chevaux pleins d'ardeur. Je franchis Varenne, et en approchant de Thimory, je trouvai une grande halte de troupes. Elles se composaient en grande partie des mêmes éléments défectueux, que celles observées dans notre courte campagne de Talmay. Les fusils à piston rouillés étaient disposés en faisceaux nombreux sur la route, et les recrues toujours insuffisamment équipées. Mais l'entrain français ne leur faisait pas défaut, et les procédés les plus variés étaient mis à contribution dans les champs transformés par la pluie en marécages, pour faire bouillir les marmites et rôtir les quartiers de viande.

A Thimory, je fus informé que j'étais au milieu de la brigade Bonnet, du 18e corps, à laquelle nous avions été plus spécialement attachés à Gien, et j'avais à peine obtenu de ce général des instructions sur l'itinéraire que nous devions adopter, que la sonnerie du départ se fit entendre. Lorsque je revins sur le théâtre de la grande halte, marmites et tourne-broches avaient disparu; certainement avant la confection des soupes et des rôtis ; les feux seuls continuaient à envoyer leurs joyeuses flambées, et malgré ce rude apprentissage de fatigues et de privations, nos jeunes soldats reformaient joyeusement et prestement leurs bataillons.

Je m'arrêtai à Varenne, pour restaurer l'attelage de prix dont je tenais à ne pas abuser, ce qui ne me permit d'être de retour à Changy-les-Bois qu'à quatre heures. J'y trouvai nos ambulanciers installés au château de Mme la duchesse de Dalmatie, alors éloignée de cette habitation, où M. Mallac les avait accueillis avec empressement. D'ailleurs, l'ambulance de la Côte-d'Or n'était pas arrivée comme une étrangère, inconnue et indifférente, car l'une des filles de Mme la duchesse était mariée à M. le comte Athanase de Guitaut, dont le château est situé à Epoisses-les-Semur, où la médecine est pratiquée avec distinction par M. Carré, honoré de la confiance des châtelains, et père de l'un de nos aides-majors, que son aimable caractère et sa conversation intéressante faisaient aimer et rechercher par toute l'ambulance. En outre, M. Mallac avait vécu dans l'intimité du R. P. Lacordaire, et entretenait des relations amicales avec des personnes distinguées de la Côte-d'Or, et entre autres avec M. Foisset, l'historien si remarquable de l'illustre dominicain.

La nuit approchant, je ne crus pas devoir provoquer le départ, car je prévoyais les faibles ressources que nous trouverions en route pour obtenir un asile à une heure avancée de la soirée. En outre, deux de nos ambulanciers étaient malades, et un dédommagement me semblait dû à ceux d'entre eux qui venaient de passer une nuit sans sommeil. Je ne répondrais pas qu'à ma sollicitude paternelle pour mes jeunes camarades, ne se joignit pas le désir de jouir, durant quelques heures, de la société de M. Mallac, le jeune et brillant chef de cabinet du ministre de l'intérieur sous Louis-Philippe, qui avait dirigé l'importante préfecture de l'Hérault, et vécu dans l'intimité des personnages politiques les plus notables de la monarchie de Juillet. Mon attente ne fut pas trompée, et je trouvai dans sa conversation non-seulement la hauteur et l'ampleur de vues qui résultent de la connaissance intelligente et approfondie des hommes et des faits, mais encore l'expression d'un ardent amour pour le pays et des plus vives sympathies pour ses malheurs.

Nous partîmes le lendemain de bonne heure, en enviant presque le sort de l'un de nos infirmiers que son état de maladie obligeait à prendre un repos complet, et qui nous rejoignit bientôt avec une santé parfaite, dont il attribuait le prompt rétablissement aux soins attentifs qui lui furent prodigués.

Au moment de notre départ, mes yeux rencontrèrent avec plaisir une statue originale, que j'avais admirée à l'une des expositions de Paris, et qui ornait l'une des pelouses du château ; c'était le *Danseur napolitain*, de Duret, aimable artiste trop tôt enlevé à l'art, et que j'avais rencontré familièrement dans ma jeunesse chez le sculpteur Pradier. Je me plais à croire que les états-majors du prince Frédéric-Charles, qui ont envahi pendant quatre mois le château de Changy, en s'y faisant héberger, n'ont pas enlevé le gracieux bronze à son piédestal.

Mon exploration de la veille précisant la direction à adopter, nous traversâmes Varenne, Thimory, Lombreuil, et arrivés à Vimory au milieu du jour, après plusieurs heures de marche, nous fîmes halte pour reposer ambulanciers et chevaux. Nous nous disposions à déjeûner debout autour de nos voitures, car la route boueuse nous offrait des siéges peu attrayants, lorsque j'aperçus une dame qui semblait nous observer avec intérêt. Je m'approchai d'elle, et après l'avoir respectueusement saluée, je lui exposai notre embarras, et mon désir de pouvoir disposer d'une chambre où le personnel de l'ambulance reprendrait des forces pour continuer sa route. Elle m'offrit immédiatement sa maison, et nous conduisit à une fort belle habitation, où nous apprîmes que nous avions l'honneur d'être chez M. le marquis de Cepoy. Nous ne tardâmes pas à nous asseoir autour d'une table, sur laquelle nous déposâmes nos minces provisions, honteuses de figurer à côté de celles qui vinrent les renforcer. Autour de nous circulait la famille *de Cepoy*, prenant la part la plus considérable de notre service. Confus de voir l'ambulance comblée de tant d'attentions, je ne pus retenir une réclamation humblement polie, à laquelle on fit la belle et touchante réponse : « *Que voyant en nous les* « *blessés et malades de l'armée, on tenait à pro-* « *fiter de cette occasion pour leur offrir les té-* « *moignages de la plus vive sympathie.* » Je n'insistai pas, car je savais depuis longtemps, en ma qualité de médecin, qu'un sentiment d'humanité élève les actes les plus vulgaires.

Avertis par un convoi de vivres qui rétrogradait de Montargis menacé par les Prussiens, nous revînmes sur nos pas jusqu'à Lombreuil, afin d'y prendre la route de Bellegarde, et traversâmes Chailly, Presnoy et Auvilliers. Il faisait nuit lorsque nous entrâmes dans ce village, mais notre impatience de rejoindre l'armée nous décida à poursuivre notre route. Toutefois, je voulus savoir si, avant d'atteindre Bellegarde, nous étions certains de trouver un abri pour le personnel et le matériel, en cas d'épuisement de nos forces. Dans ce but, je me présentai chez M. le Curé d'Auvilliers qui m'annonça, qu'à l'extrémité de sa paroisse fort étendue, on trouvait deux fermes assez vastes qui seules pouvaient nous recevoir, et m'offrit de nous y conduire, ce que j'acceptai après une courte résistance. Pendant qu'il avançait au milieu de nous, je disais mentalement : « Monsieur le Curé, je connais nombre de

« personnes qui, après m'avoir fourni comme « vous des renseignements, m'auraient laissé le « souci de les mettre à profit; vous avez fait « mieux, et dans le but de nous être utile, vous « avez quitté avec empressement votre presby- « tère, pour nous guider sur une route couverte « de boue, dans la nuit froide et humide. Vous « êtes assurément un bon prêtre, mais vous êtes « aussi un homme de cœur; le service que vous « nous rendez, c'est le verre d'eau de l'Evangile, « il aura sa récompense. »

Notre empressé guide ne s'éloigna qu'après nous avoir installés dans l'une des fermes, dont les habitants s'inspirant de son obligeance, étalèrent dans une vaste chambre une épaisse couche de paille, où chacun s'engagea en costume de voyage, et dormit du plus profond sommeil.

Le réveil fut matinal, et nous reprîmes la direction de Bellegarde. Bientôt nous entendîmes dans le lointain les détonations de l'artillerie, ce qui nous fit activer notre marche. L'action se passant au delà de Bellegarde, nous ne fîmes que traverser cette petite ville pour gagner Ladon, et avant d'y arriver, nous pansâmes plusieurs blessés, et visitâmes quelques malades dans un beau château occupé par un état-major. Nous ressentîmes une pénible émotion en observant un soldat, placé sous la garde de plusieurs autres, et qui devait être fusillé pour cause d'indiscipline. Quelle mort affreuse! Expirer dans la honte, dans le repentir de sa faute, et dans le regret de la vie, le corps traversé par des balles françaises, en entendant gronder dans le lointain les batteries ennemies, dont les projectiles apportaient un trépas glorieux à ceux qui mouraient pour leur patrie!...

Bien que Ladon et ses abords fussent encombrés de troupes, nous pûmes nous installer de suite dans une maison appartenant à M. Gaulliéton, qui en avait confié la garde à deux anciennes institutrices, qui n'oublièrent pas sa recommandation de la rendre aussi hospitalière que possible à l'armée et aux ambulances. Elle offrait encore la preuve de la visite des Prussiens qui, avant d'entrer dans Ladon, d'où ils furent délogés par nos troupes, après une lutte très-meurtrière, y avaient envoyé selon leur habitude des boulets et des obus, dont plusieurs avaient troué les murs et le toit de cette gracieuse maison. Toutefois, elle était encore très-habitable, et son étendue nous permit, dès notre arrivée le 28 novembre au milieu du jour, d'en réserver une notable portion à une ambulance locale signalée par un drapeau de la convention de Genève, qui attira bientôt de nombreux blessés. Ceux qui l'étaient légèrement furent pansés et logés chez l'habitant, tandis que les autres furent immédiatement hospitalisés. Afin d'assurer les soins qu'ils réclamaient, ainsi que les pansements de ceux continuant à se présenter, M. Bourée, l'un de nos chirurgiens-majors, assisté de deux aides, d'un sous-aide et de plusieurs infirmiers, prit la direction de ce service permanent, tandis que le reste de l'ambulance partit avec l'omnibus pour Mézières, où, disait-on, avait lieu un sanglant engagement. Lorsque nous atteignîmes ce village, il était rentré en notre pouvoir, et le combat continuait à une faible distance.

En arrivant à Mézières presqu'à la chute du jour, nous y trouvâmes l'ambulance du 18e corps à laquelle notre concours était inutile, car les blessés pansés avec soin, attendaient sur la paille dans l'église les voitures destinées à les évacuer. C'est seulement lorsque la nuit eut mis fin à tout engagement, que nous apprîmes qu'on s'était battu simultanément à Beaune-la-Rolande d'où nos troupes n'avaient pu déloger leurs adversaires, et à Juranville où avait donné le 18e corps qui avait forcé l'ennemi à la retraite.

Notre arrivée dans ce village n'eut lieu qu'avec lenteur, parce que la route était couverte par les troupes de toutes armes qui revenaient du combat, et nous longeâmes avec tristesse et indignation un ardent foyer résultant de l'embrasement d'une étendue considérable de maisons, auxquelles l'ennemi avait mis le feu, en activant ses ravages avec du pétrole. De temps en temps, nous nous heurtions à un cadavre, auprès duquel nous ne nous arrêtions que pour constater l'inutilité de tout secours. C'est ce que nous venions de faire auprès d'un vigoureux sergent, dont la tête mortellement atteinte reposait dans une mare de sang, lorsque nous rencontrâmes à peu de distance de Juranville le général Bonnet, qui nous exprima sa satisfaction en ajoutant que notre arrivée était des plus opportunes.

Avec nous entra dans Juranville une ambulance militaire, et nous y trouvâmes une escouade de celle du Midi qui venait de nous y précéder. Déjà les blessés très-nombreux avaient été relevés et recueillis dans plusieurs maisons, où ils étaient couchés sur la paille en rangs trop pressés et confus, ce qui s'explique par la précipitation avec laquelle on avait procédé à leur enlèvement du champ de bataille.

Quel horrible fléau que cette guerre exceptionnellement désastreuse, imposant à nos défenseurs de telles souffrances, qui pour un grand nombre devaient se terminer par la mort, loin des consolations et des secours de la famille, et avec la terre pour linceul!

Ces blessés appartenaient presque tous aux bataillons des mobiles du Cher, qui avaient acquitté avec courage et générosité leur dette envers la patrie; aussi, un mois après, avons-nous lu avec émotion dans les journaux de Bourges, la funèbre et douloureuse nomenclature des morts et des blessés, dont le département du Cher avait fait le glorieux sacrifice dans le combat de Juranville.

Cette participation presque exclusive d'un département à la sanglante contribution que peut imposer un combat, me semble devoir attirer l'attention des hommes compétents, auxquels est confiée l'importante mission de modifier notre organisation militaire. Dans un pays où il y a égalité devant la loi, et abolition de tous les priviléges, on doit surtout égaliser la dette du sang. Cette parité n'existerait pas, si nos forces militaires étaient constituées de façon à ce qu'un régiment, entièrement composé d'individus appartenant aux mêmes localités, fût exposé à être écrasé et anéanti, ce qui plongerait dans le deuil un département, et porterait une atteinte profonde et durable à sa population. Ce n'est pas là une de ces pertes matérielles à laquelle une indemnité pécuniaire peut apporter un dédommagement. D'ailleurs cette répartition nationale est favorable à la belle unité française qui nous est enviée par nos adversaires. Ce ne sont pas des enfants de la Bretagne ou de la Provence qu'on voit dans les rangs de nos soldats, mais toujours des Français, animés du même cœur et d'une généreuse émulation; tandis que nous avons constaté avec satisfaction la haine et les rivalités qui divisaient les éléments divers de cette nation germanique, dont le triomphe doit être surtout attribué à la folle présomption et à la coupable imprévoyance de nos gouvernants.

En cédant au besoin d'émettre ces réflexions sur une organisation, dont les fâcheuses conséquences se sont traduites sous mes yeux en témoignages ensanglantés, je crois remplir modestement le devoir imposé à tout homme qui désire contribuer à la répartition équitable des charges de la société, et surtout à un médecin qui a fait du soulagement des souffrances humaines le but principal de sa vie.

Pendant que nous mettions avec empressement notre concours au service des blessés, M. Remy, l'un de nos aides-majors, assisté de deux infirmiers munis de lanternes et d'un brancard, parcourait les champs du voisinage en hélant dans toutes les directions, et en prêtant une oreille attentive aux plaintes et aux gémissements que pouvait éveiller un sympathique appel. Les ténèbres ne furent traversées par aucun cri plaintif, et nos lumières ne furent projetées que sur des cadavres allemands, parmi lesquels se trouvait un officier. Ce fut également le corps inanimé de l'un de nos ennemis, que me fit apercevoir ma lanterne, près de l'un des asiles de nos blessés. C'était un cavalier âgé d'environ vingt ans, blond, imberbe, aux formes grêles, et dont le visage décoloré par la mort offrait des traits féminins. Couché sur le côté droit, il avait le bras correspondant engagé dans la bride de son cheval, mort auprès de lui et tombé sur le flanc gauche. Leurs têtes se regardaient, comme si l'étranger, avant d'expirer, avait cherché dans les yeux du fidèle animal associé à ses fatigues et à ses dangers, le souvenir de la famille et de la patrie absentes.

Après avoir contribué au pansement des blessés, et acquis la certitude qu'aucun n'était oublié, nous eûmes le regret de ne pouvoir imiter les ambulanciers du Midi. Avertis dès le matin des combats engagés sur plusieurs points, ils s'étaient pourvus de voitures de réquisition, sur lesquelles ils emmenèrent à Bellegarde de nombreux blessés; importante précaution qu'on ne saurait trop imiter, et que notre récente arrivée, notre précipitation à nous rendre sur le lieu du combat, et aussi notre inexpérience nous avaient fait omettre.

Avant de rentrer à Ladon, nous nous efforçâmes de procurer des aliments solides ou liquides aux blessés, mais nos recherches furent vaines, car il n'y avait plus que de l'eau dans ce sanglant et désolé village de Juranville, ravagé, épuisé et affamé par les Allemands qui l'avaient occupé durant plusieurs jours. La femme éplorée d'un habitant notable de l'endroit, auprès de laquelle j'insistais pour obtenir quelques ressources alimentaires, me répondit en me montrant avec tous les gestes d'un violent désespoir, ses armoires pillées par les hordes ennemies, qui avaient emporté jusqu'aux jouets de ses enfants, et poussé hors des maisons les gros meubles, derrière lesquels ils s'abritèrent pour ajuster nos soldats.

La détresse des blessés nous faisait un devoir de regagner Ladon pour nous procurer des vivres; et comme notre retour semblait assuré, nous laissâmes nos deux brancards, et partîmes avec la certitude de ne pas laisser les blessés sans secours, puisque l'ambulance militaire avait pris ses précautions pour passer la nuit à Juranville. Nous avançâmes avec difficulté, car la route était encombrée par l'artillerie et le matériel de l'armée, dont les feux de bivouac très-rapprochés inondaient les soldats d'une lueur intense. Beaucoup d'entre eux veillaient malgré les fatigues de la journée, tandis que les autres reposaient sous leurs tentes, ou dormaient affaissés sur les revers humides des fossés.

Il était environ quatre heures du matin, lorsque nous rentrâmes à Ladon, où nous prîmes trois à quatre heures de repos. Ensuite, notre première préoccupation fut de pourvoir aux besoins des blessés de Juranville, mais nous reçûmes la triste nouvelle qu'ils étaient tombés entre les mains de l'ennemi qui avait réoccupé ce village. Les violations incessantes de la convention de Genève dont il se rendait coupable, et les procédés arbitraires dont avaient été victimes les ambulances internationales surprises par les Allemands, nous autorisaient à prévoir qu'en nous présentant à Juranville, nous serions soupçonnés d'espionnage, et contraints, sous le faux prétexte d'assurer le secret de leurs opérations militaires, de traverser leurs lignes profondes jusqu'à la Belgique, pour regagner ensuite la France. En outre, il était probable, qu'ils feraient leur profit des aliments et cordiaux recueillis pour nos prisonniers. Enfin, la présence sur les lieux d'une ambulance militaire française garantissait les soins nécessaires à nos blessés.

Comme on faisait à Ladon tous les préparatifs destinés à repousser une attaque, il nous sembla prudent d'évacuer les blessés de notre ambulance locale loin du théâtre de la guerre, après en avoir obtenu l'autorisation et les moyens de l'intendance militaire. Le lendemain 30 novembre, nous eûmes à nous féliciter d'avoir pris cette précaution, lorsque nous reçûmes l'invitation de suivre le 18e corps à Bellegarde où il succédait au 20e.

De nombreux blessés étaient soignés à Bellegarde par la première ambulance lyonnaise, dont le chirurgien en chef était M. Ollier, et par l'ambulance du midi qui avait à sa tête M. Sabatier. Nous sommes heureux d'applaudir aux importants services qu'ont rendus au 20e corps, dont elles dépendaient, ces ambulances organisées soit à Lyon, soit avec le concours réuni des villes de Marseille et de Montpellier, largement pourvues d'un matériel considérable et de toutes les ressources propres à améliorer la situation des blessés, et ayant à leur tête des chirurgiens d'une remarquable habileté.

Si nous ne pouvions prétendre être leurs émules, il nous était du moins possible de devenir leurs auxiliaires, et nous en saisîmes immédiatement l'occasion, en succédant à l'ambulance du Midi, et avec son consentement, dans une ambulance privée renfermant douze blessés français ou allemands.

Elle était contiguë à une serre, dans laquelle

j'aperçus, auprès de caisses d'orangers, plusieurs mobiles dont les blessures avaient déterminé la mort, pendant leur transfert du champ de bataille à l'ambulance. On les avait placés dans ce dépositoire, avec l'espérance de les faire reconnaître, et sans craindre leur décomposition, car ils étaient glacés par le froid. On avait un tel besoin des vivants, que les morts ne comptaient plus, et que les cadavres de ces mobiles paraissaient oubliés. Ils ne l'étaient pas dans leurs familles, ces jeunes soldats que leurs formes vigoureuses classaient parmi les travailleurs des villes et surtout des campagnes. Leurs mères en les soignant, leurs pères en les associant à leurs travaux, ont compté sur des appuis pour leur vieillesse, et sur des successeurs dans leurs professions, mais bientôt leur arrivera la fatale nouvelle que la guerre, l'impitoyable guerre a précipité dans le néant leurs espérances, leurs projets, et le fruit de leurs sacrifices et peut-être de leurs privations.

Une autre ambulance devint en même temps l'objet de notre sollicitude ; elle était installée dans un logement auparavant inhabité, et contenait une douzaine de blessés ou malades attendant depuis vingt-quatre heures soins et nourriture.

Le lendemain nous devînmes responsables

sous ce double rapport, de ceux laissés en grand nombre dans les bâtiments de la gendarmerie par l'ambulance lyonnaise, qui obligée, comme celle du midi, de suivre le 20ᵉ corps s'éloignant de Bellegarde, n'eut pas le temps d'évacuer tous ses blessés. Ceux qui étaient restés à Bellegarde n'avaient pas à redouter l'absence de secours chirurgicaux, puisqu'au 18ᵉ corps succédant au 20ᵉ étaient attachées, outre notre ambulance et celle de Saône-et-Loire, la 11ᵉ ambulance de Paris ayant à sa tête l'un des chirurgiens les plus distingués des hôpitaux de la capitale, M. Tillaux, dont nous avons mis quelquefois à contribution la vaste expérience et l'aimable confraternité. Ajoutons encore l'ambulance de Saint-Etienne que son généreux comité s'était complu à doter largement, sous l'influence de l'affection et de la confiance que lui inspirait le sympathique chirurgien en chef, M. Riembaut, né et élevé dans la Côte-d'Or, et qui a entretenu avec notre ambulance les rapports les plus confraternels.

Pendant notre court séjour à Bellegarde, nous eûmes à regretter la maladie de notre infirmier-chef, M. Guillot, et de M. Jacotin, l'un de nos infirmiers, couchant tous deux dans un dortoir qu'un homme de bien avait établi dans sa maison, et où s'étaient succédé de nombreux militaires ou ambulanciers. L'infirmier Jacotin étant atteint de fièvre typhoïde, nous dûmes le transporter et l'isoler ailleurs dans l'intérêt de la famille de son hôte, et si nous ne prîmes pas la même précaution à l'égard de M. Guillot, c'est que sa maladie n'a offert les caractères tranchés d'une varioloïde, que pendant notre retraite de Bellegarde à laquelle il voulut s'associer.

Le froid était devenu très-vif, et nos troupes en souffraient cruellement, surtout pendant la nuit. Je revois encore ma chambre éclairée par les feux de bivouac dont la lueur entrait largement à travers les fenêtres; j'entends aussi résonner les pas des cavaliers et des chevaux, qui alternaient le repos auprès des feux de bivouac et les promenades, afin d'éviter la congélation. Combien j'aurais voulu les abriter avec moi, bien que je fusse obligé d'opposer à l'invasion du froid ma couverture de campagne et mes vêtements, parce que les habitants s'étaient empressés d'amoindrir leur literie au profit des ambulances locales.

Un jour se répandit dans Bellegarde la nouvelle à sensation, que le général Ducrot avait effectué sa sortie de Paris, et que sa jonction avec les armées de la Loire était prochaine, que l'ennemi ne pourrait résister à leurs efforts combinés, et que bientôt resplendirait le jour de la délivrance de Paris. Vive était notre allégresse, car nous avions soif d'espérance! Joie trop courte à laquelle devait bientôt succéder la cruelle déception d'une retraite précipitée.

En effet, le 4 décembre, nous étions invités à suivre le 18e corps dans la direction de Gien, après avoir effectué l'évacuation de tous les blessés qui nous étaient confiés. Combien était pénible le transport de ces infortunés, couchés ou assis sur des voitures découvertes, dont les mouvements étaient adoucis autant que possible par une épaisse couche de paille, et que leurs vêtements ou couvertures ne garantissaient pas toujours d'une manière suffisante contre un froid des plus pénétrants. Combien de blessures graves et d'opérations n'ont dû leur fatale terminaison, qu'à la déplorable influence de ces déplacements, imposés par les violations dont les Allemands se rendaient coupables envers la convention de Genève, dont l'article 6 et l'article additionnel 5 assuraient aux soldats blessés les soins dont ils avaient besoin, et garantissaient la liberté.

Le lendemain matin nous fûmes informés à Châteauneuf-sur-Loire, que les Prussiens avançaient rapidement d'Orléans pour couper la retraite à l'armée, ce qui contribua sans doute à la rendre plus désordonnée. Les troupes des diverses armes, le matériel de toute nature, les troupeaux de bœufs avançaient confusément en longeant la Loire qui charriait d'énormes glaçons. Malgré la rigueur du froid et l'âpreté du vent, on trouvait à chaque pas des individus accablés de fatigue, étendus sur le revers des fossés pour recouvrer un peu de force. En général, c'était de jeunes soldats; nous avons observé que les anciens réagissaient davantage sous le rapport physique et moral, et se montraient plus ingénieux à se créer des ressources contre la faim et le froid; aussi, est-ce parmi les premiers qu'on rencontre le plus de cas d'épuisement et de congélation. Le désordre était surtout prononcé dans le voisinage du pont de Sully, qui ne pouvait donner passage qu'à une seule voiture de front. Combien l'ombre du ministre d'Henri IV, de Sully dont la statue était couchée dans la cour du château, a dû tressaillir d'humiliation et de douleur, en voyant arriver comme des fugitifs ces soldats de la France! Bien que les rangs se fussent reformés en grande partie à Sully, je vois encore à Cerdon, le général Crouzat, commandant en chef le 20e corps, placé à l'embranchement de deux routes, et indiquant aux traînards des 18e et 20e corps, chacune de celles qu'ils devaient suivre.

Malgré l'intensité du froid, nous vîmes des troupes bivouaquer dans la forêt d'Orléans et dans les bois situés au delà de Sully, autour de feux dont l'alimentation était facile. Mais les soldats envahissaient en grand nombre les villes et les fermes voisines, ce qui me fit prendre le parti, pour assurer un abri nocturne à l'ambulance, d'adopter pour étapes des lieux distants des villes. Cette mesure m'offrit le double avantage de maintenir les ambulanciers réunis, et de n'avoir pas besoin de les rallier le lendemain pour le départ.

Au nombre des maisons de campagne qui nous furent hospitalières, durant cette retraite sur Gien, je mentionnerai spécialement *la Maison Blanche,* de M. Migneron, maire de Châteauneuf, et *les Buissons,* appartenant à M. Jahan, conseiller d'Etat, où nous nous présentâmes avec quelques lignes de recommandation de M. le docteur Boullet fils, de Sully, à la disposition duquel nous nous plaçâmes le lendemain, durant quelques heures, pour visiter une partie des malades qui encombraient l'hôpital de cette ville. Les propriétaires de ces habitations étaient absents, mais les domestiques auxquels ils en avaient confié la garde, subordonnant leur réception aux recommandations qu'ils avaient reçues ou aux habitudes bien connues de leurs maîtres, nous ouvrirent les appartements où un feu pétillant nous préserva du froid, et où nous obtînmes les moyens de réparer nos forces et de reposer sur des lits ou des siéges. Aussi, n'ai-je pas omis, avant de m'éloigner, de consigner à l'adresse de nos hôtes absents, l'expression de notre gratitude et l'empressement des domestiques à nous accueillir.

En approchant de Gien, à la fin du quatrième jour de marche, nous assistâmes à un combat d'artillerie qui avait lieu à une faible distance sur la rive droite de la Loire, au nord-ouest de Gien. A mesure que le jour baissait, on apercevait d'une façon plus distincte les flammes vomies par les canons, et on entendait le sifflement des projectiles qui décrivaient leurs paraboles, parallèlement à notre horizon. Magnifique spectacle, si les conséquences n'en avaient pas été meurtrières ou sanglantes ! La nuit avait imposé silence aux combattants, lorsque nous traversâmes le pont de Gien pour rentrer dans cette ville qui s'étend sur la rive droite de la Loire.

Quoiqu'elle fût encombrée de troupes, nous pûmes y être logés, surtout au collége des pères Barnabites qui voulurent bien recevoir en même temps nos chevaux et nos voitures. Pendant qu'on opérait cette admission, je me rendis à la mairie pour obtenir des renseignements sur le récent combat, dont les victimes pouvaient avoir besoin de nos soins. J'entrais chez M. le Maire en même temps qu'un officier venant d'y prendre part, et qui m'annonça que les chirurgiens militaires suffisaient amplement aux soins réclamés par les blessés, d'ailleurs en petit nombre.

Je m'étais couché avec la conviction que l'ambulance séjournerait à Gien; mais à deux heures du matin, l'un de nos infirmiers vint m'annoncer que le 18e corps évacuait Gien, et gagnait la rive gauche du fleuve, dont le pont devait être partiellement détruit, après le passage de nos soldats. Nous fîmes en toute hâte nos préparatifs de départ. Il n'y avait pas urgence, car le défilé des troupes massées auprès du pont exigea beaucoup de temps, et notre tour n'arriva qu'à cinq heures du matin. Bientôt, une partie du pont sautait; il était temps, car les Prussiens ne tardèrent pas à entrer dans Gien, et ne pouvant franchir la Loire pour suivre nos troupes, se bornèrent à échanger des coups de fusil d'une rive à l'autre avec des soldats de l'arrière-garde.

La retraite s'opérait péniblement sur Châtillon-sur-Loire, car le ciel gris et sombre se chargeait de frimas, et il était tombé un peu de neige que le passage des troupes avait durci et transformé en une couche de glace sur laquelle les chevaux et les voitures avançaient avec difficulté. Arrivés à Saint-Firmin, nous éprouvâmes le besoin de reposer l'ambulance, et de munir les fers de nos chevaux de crampons que les cochers improvisèrent, à défaut de clous à glace dont ils avaient négligé de faire provision. Les inconvénients qui résultèrent alors de cette imprévoyance trop générale, ne servirent pas de leçon, car l'absence des clous à glace n'a pas été étrangère aux désastres de notre armée de l'Est.

Toutes les maisons situées sur la route étant occupées par les soldats, je pensai que le presbytère, situé sur le second plan, pourrait recevoir l'ambulance. Je ne m'étais pas trompé, quoique des soldats vinssent incessamment demander une place au foyer où ils étaient les bienvenus, et que M. le Curé leur fît une distribution inépuisable de vin et de pain, comme s'il avait obtenu de son divin maître le don de la multiplication des pains. Nous aussi, nous étions des soldats, non du glaive, mais de la bienfaisance! Aussi, nous fûmes comme eux accueillis avec un empressement généreux et cordial, dont la reconnaissance m'impose le chaleureux témoignage.

On n'a pas assez proclamé combien, dans les villes et les villages traversés par nos troupes durant cette période douloureuse, le clergé s'est montré dévoué et sympathique à nos défenseurs et aux malheurs du pays. Pour moi, aussitôt que surgissait la difficulté de trouver un asile, je me présentais chez le curé du village, qui mettait de suite son presbytère à notre disposition, et, en cas d'insuffisance, me fournissait les renseignements propres à nous tirer d'embarras. Si la nourriture faisait défaut, le curé était aussi mon pourvoyeur. L'ambulance se rappellera toujours la station qu'elle a faite dans le village *Le Noyer*, département du Cher. Le curé étant au dépourvu, sa domestique fit une tournée chez les villageois, et bientôt arrivèrent des provisions indispensables dont les fournisseurs refusèrent le paiement ; *trop heureux*, disaient-ils, *de rendre service à ceux qui soignaient les blessés*. Nous eûmes en même temps la preuve du vif intérêt que portaient à l'œuvre de l'ambulance, M. le docteur Schmid, et d'autres personnes de la même localité.

Bientôt nous arrivâmes à Châtillon-sur-Loire, que nous ne fîmes que traverser pour nous diriger sur Cernoix. Nous trouvâmes alors la route couverte d'un manteau de neige, ce qui rendit la marche et la traction plus pénibles. Aussi, lorsqu'en arrivant à Cernoix, les voitures de l'armée qui encombraient la voie, ne nous permirent pas d'avancer, nous résolûmes d'y passer la nuit qui d'ailleurs était proche. Les premières maisons n'étant occupées que par des fantassins, je pus faire placer nos chevaux dans une écurie, et comme les remises ou granges étaient destinées aux soldats, nos voitures restèrent à l'extérieur sous la garde des cochers, qui s'y installèrent pendant la nuit. En parcourant le village, nous vîmes que les soldats s'étaient accumulés dans toutes les habitations, pour s'y abriter contre l'inclémence de l'atmosphère, et que beaucoup, n'ayant pu y trouver place, étaient contraints de bivouaquer dans la neige. Notre devoir ne nous obligeant pas de subir cette rigoureuse nécessité, que nous déplorions pour nos troupes, je résolus de me renseigner au presbytère, et d'y demander un lit pour notre infirmier chef, M. Guillot, dont la varioloïde parcourait ses périodes dans l'omnibus qui lui était réservé depuis Bellegarde. Au lieu d'un presbytère, je trouvai une cantine, dont M. le Curé était le servant charitablement empressé, et où chacun pénétrait pour manger et boire sans payer sa dépense.

Ma supplique en faveur de notre malade fut immédiatement accueillie, mais toutes les chambres étant déjà occupées, le bon curé me promit d'improviser un lit près du feu de la salle à manger, où affluaient et se réchauffaient les consommateurs. Ce prompt succès m'ayant encouragé à lui parler de l'ambulance qui n'avait pas d'abri, il me répondit qu'elle était assurée de trouver à deux ou trois kilomètres de distance, dans les bois, une maison hospitalière où la bienfaisance était traditionnelle, et offrit de nous faire conduire, ce que j'acceptai avec reconnaissance.

Nous suivîmes deux petits gars d'environ douze ans, qui nous firent traverser champs et closeries, sur la neige où nous frayions notre chemin. Durant cette course au clocher, la nuit se faisait sombre, et nos guides, que ces ténèbres effrayaient évidemment, et qui se rappelaient peut-être le sort du *petit Chaperon rouge*, nous quittèrent près d'un chemin à travers bois en nous engageant à le suivre, et s'éloignèrent en courant, après avoir reçu chacun la piécette. La voie était couverte d'une épaisse couche de neige, sur laquelle nous pûmes distinguer deux dépressions parallèles indiquant les ornières que suivaient les voitures. Nous avancions, avancions toujours, et la fatigue, le froid, l'obscurité et la faim conspirant ensemble pour exciter notre impatience, nous craignîmes de nous être égarés.

A défaut du *petit Poucet*, nous avions au milieu de nous un aide-major avide du danger, toujours en mouvement, leste comme un écureuil, et que ses camarades avaient surnommé le *Bouillant*. On n'aurait eu qu'à dire une parole, pour le voir s'élancer à la cime de l'un des arbres les plus élevés de la forêt, afin de distinguer à travers l'espace avec ses yeux de lynx un point lumineux. Mais les branches qui pliaient sous le poids d'une neige glacée, ne permettant pas de l'encourager à tenter cette périlleuse ascension, nous nous bornâmes à consulter de temps en temps les ornières neigeuses, comme les Israélites regardaient pendant la nuit la colonne de feu qui les guidait dans le désert.

Enfin apparut un point brillant comme une faible étoile ! Nous marchâmes dans sa direction, la lumière s'élargit, devint plus éclatante, nous couvrit de ses rayons, et nous entrâmes avec joie et confiance dans le manoir hospitalier.

M. de Rancourt de Mimerand et sa famille nous accueillirent avec la bonté la plus expressive. Des feux ardents furent allumés dans plusieurs chambres, que nous désertâmes bientôt pour jouir au salon de la société d'hôtes si bienveillants. Le maître de maison ayant bien voulu s'excuser de ne pouvoir nous offrir immédiatement à dîner, parce que les éléments n'en étaient pas préparés, nous lui annonçâmes que nous apportions des provisions, et ce fut en voulant en offrir la preuve, qu'on s'aperçut de l'absence des deux infirmiers qui en étaient porteurs. J'envoyai immédiatement à leur recherche quelques-uns de leurs camarades, munis de lanternes, et guidés par un domestique de la maison. A leurs cris poussés dans les ténèbres, répondirent bientôt d'autres cris de plus en plus rapprochés lancés par nos infirmiers pourvoyeurs, dont les fardeaux avaient ralenti la marche, et qui croyant s'être égarés éprouvaient une vive inquiétude.

L'un des membres de cette famille patriarcale était alors éloigné d'elle, pour remplir un devoir qu'elle regardait comme sacré. C'était le fils aîné de M. de Rancourt, jeune officier qui avait donné sa démission et s'était marié. Lorsque la France eut besoin de tous ses défenseurs, il n'hésita pas à quitter ses parents, sa jeune femme et plusieurs enfants en bas âge, pour se mettre à la tête de l'un des bataillons des mobilisés du Loiret.

— Quelle admirable et courageuse détermination a prise M. votre fils, dis-je à M. de Rancourt, mais combien son cœur doit battre vivement sous le feu de l'ennemi au souvenir de tant d'êtres aimés.

— Votre opinion n'est qu'une erreur généreuse dont je vous suis reconnaissant, me répondit-il; je suis certain que mon fils marche au combat avec le plus grand calme, car son courage repose sur deux bases inébranlables : *Dieu* et la *Patrie*.

Le lendemain, lorsque l'ambulance prit congé de ses hôtes, le comptable s'aperçut que nos provisions consommées la veille avaient été remplacées par d'autres plus importantes.....

Ayant rétrogradé de Mimerand à Cernon, pour

remercier M. le Curé de l'hospitalité qu'il avait donnée à notre malade, et de celle dont nous étions redevables à sa prévoyance, je le félicitai de la résidence sur sa paroisse d'une famille aussi exemplaire, et me hâtai de rejoindre avec nos voitures les ambulanciers qui avaient gagné la route par un chemin perpendiculaire.

J'envoyai alors un adieu plein de reconnaissance et d'admiration aux châtelains de Mimerand, plus nobles encore par l'élévation des sentiments que par la naissance. Ils venaient d'augmenter le nombre des exemples de dévouement à la patrie et de bienfaisance, se multipliant sous nos yeux, qui m'ont ému, ravi, rendu moins imparfait, et dès lors inspiré le désir d'en écrire le récit comme une sorte de morale en action, pour faire partager les sentiments dont je reste pénétré.

Quoique ces belles actions n'aient pas besoin de contraste qui les mette en relief, je suis entraîné à placer en regard un trait d'égoïsme brutal, que je dois signaler pour le flétrir, en taisant le nom du coupable, car je ne suis pas un accusateur public, et ne conserve aucun ressentiment.

Un soir que l'ambulance manquait d'un refuge pour la nuit, elle se présenta dans plusieurs fermes qu'elle trouva remplies par des soldats qui cherchaient à s'abriter contre un froid très-rigoureux. Ne voulant pas amoindrir la place au feu et à la lumière nécessaires à nos troupes, dont les pénibles épreuves motivaient au plus haut point nos vives sympathies, nous résolûmes de rétrograder jusqu'à un village éloigné de plusieurs kilomètres. En le traversant, j'avais remarqué à une faible distance de la route une ferme considérable; je m'y présentai, et la trouvant également pleine de militaires, je me bornai à demander des places pour nos chevaux. Il me fut répondu que l'écurie pouvait les recevoir, mais avec l'autorisation du régisseur du château. Je me rendis auprès de celui-ci, en évitant par discrétion et convenance de m'adresser au châtelain, qui donnait l'hospitalité à plusieurs membres d'une autre ambulance. Le régisseur me reçut dans une vaste chambre faisant partie de son logement, et ne renfermant pour tout mobilier que deux chaises placées près d'une cheminée, dont le feu vif m'envoyait une chaleur d'autant plus agréable que j'étais transi de froid. Le régisseur accueillit favorablement ma demande, et comme sa rusticité me parut doublée d'une franche bonhomie qui m'inspirait confiance, je lui parlai de la détresse de l'ambulance, et le priai de nous permettre de passer la nuit dans cette pièce, où nous souperions *sur le pouce*, et dormirions dans nos couvertures, ce qu'il accorda sans hésitation. Vite je portai cette bonne nouvelle aux ambulanciers qui m'attendaient sur la route en *battant la semelle,* et que je présentai à notre obligeant logeur. Ils étaient à peine introduits, qu'un homme entre deux âges, porteur d'un élégant veston, nous aborda sans saluer, en déclarant qu'il ne pouvait nous loger parce qu'il recevait déjà une ambulance. Je lui répondis que la connaissance de cette situation m'avait seule imposé la discrétion de ne pas m'adresser à lui, que nous désirions ne causer aucun embarras au château, et que nous nous félicitions de nous préserver du froid, dans la chambre dont son régisseur nous accordait la jouissance pour la nuit. Il s'éloigna sans répondre, et avec l'impolitesse qui avait caractérisé son arrivée. Aussitôt qu'il fut sorti, le régisseur que la mauvaise humeur du châtelain avait sans doute fait réfléchir, me dit : « J'ai trouvé un endroit où vous et vos « chevaux pourrez être à l'aise, » et me conduisant à la basse-cour éloignée du château, il y fit attacher nos chevaux, et mettre à notre disposition une chambre à cheminée. Je comparais les situations faites à deux ambulances vouées aux mêmes devoirs, et dont l'une jouissait de la splendide hospitalité du château, tandis que l'autre était reléguée à la basse-cour. Eh bien! je le déclare avec la plus entière sincérité, ce contraste, loin de m'humilier et de provoquer en moi une irritation pleine d'amertume, me fit éprouver une secrète satisfaction ; je me disais que cette humble épreuve donnait du prix à notre dévouement, et je me rappelai ce que j'ai déjà proclamé ailleurs, que le désir de faire le bien ennoblit les actes et transfigure les situations.

Je revins donc annoncer à l'ambulance son changement de domicile, et mon étonnement fut extrême en la rencontrant sur la route. On m'informa que, peu après ma sortie, le propriétaire avait fait un retour agressif, et engagé notre personnel à s'éloigner, en faisant valoir le ridicule et fallacieux prétexte de la possibilité d'une collision avec l'autre ambulance.

Mon indignation égala ma surprise, mais un froid de plusieurs degrés au-dessous de *zéro* n'admettait pas d'hésitation : « A la guerre « comme à la guerre, m'écriai-je, et puisque nous « n'avons que la basse-cour pour nous abriter, « mieux vaut son toit que le ciel de la Sibérie, « au moins nous n'y serons pas exposés à la « congélation. »

Nous pénétrâmes dans la chambre que le régisseur m'avait désignée, et où notre comptable s'empressa de faire réchauffer du riz au jambon, plat de résistance de notre souper. Après avoir constaté l'exiguité de cette pièce d'ailleurs encombrée de meubles, je sortis avec l'espoir d'obtenir dans le village un grenier à fourrage comme dortoir supplémentaire. Mes recherches furent vaines, et en rentrant *bredouille*, je fus immédiatement informé que pendant mon absence, l'acharné persécuteur avait poursuivi ses victimes jusque dans cet humble asile, en leur disant ironiquement : « Ah ! vous êtes ici, vous êtes « bien, très-bien. » Puis se dirigeant vers la cour, et voyant nos chevaux, il cria à l'un de ses domestiques : « Lorsqu'arriveront les chevaux de « l'ambulance ***, vous les attacherez à la place « de ceux-ci, auxquels je vous défends de donner « ni un grain d'avoine, ni un brin de fourrage. » L'un de nos cochers qui *conduisait* avant la guerre dans une maison très-honorable, fut si exaspéré par cet odieux procédé, qu'il lança à son camarade la réplique suivante : « Marlot, comme « nos chevaux sont très-fatigués, nous leur donnerons ce soir double ration. »

L'insolente dureté de ce châtelain ne nous permettait pas de rester davantage sur les dépendances de son habitation, et je donnai satisfaction au désir unanime de l'ambulance en disant : « Nous avons bu le calice jusqu'à la lie ; nous « faisons trop d'honneur à cet homme ; partons, « nos chevaux ont pris quelque repos, nous « marcherons autant que nos forces nous le

« permettront, puis nous solliciterons un gîte « qui sera toujours préférable à celui qui excite « notre répulsion. »

Au moment où nos voitures sortaient de la basse-cour, j'aperçus de la lumière dans une ferme voisine, et j'eus l'heureuse idée de faire une dernière tentative. On m'objecta seulement que l'écurie trop exiguë ne pourrait admettre nos chevaux; mais après examen, notre cocher Fouard décida qu'il répondait de leur introduction. Alors chacun se mit aux roues des voitures pour opérer leur ascension sur la pente glacée conduisant à la cour de la ferme, où elles restèrent sous la garde de deux infirmiers qui bivouaquèrent dans leur intérieur. Le cocher tint parole en installant nos trois chevaux dans l'étroite écurie, et après ce tour d'adresse, nous nous disposions à nous glisser sous un hangar, à travers les nombreux soldats qui y goûtaient un repos trop nécessaire, lorsque notre cher aumônier, qui avait disparu pendant nos arrangements, nous apporta de la part de M. le Curé l'invitation de passer la nuit au presbytère.

Lorsque nous eûmes signalé à notre hôte l'inhumanité et l'impolitesse de son paroissien, ce digne interprète de l'Evangile désirant sans doute nous disposer au pardon des offenses, nous répondit que de tels procédés l'étonnaient beaucoup, car M. *** faisait du bien dans le pays. Puis, afin de nous faire oublier des torts inexplicables, il nous installa dans une chambre où furent étalés plusieurs matelas, sur lesquels s'étendirent côte à côte les ambulanciers que la fatigue plongea bientôt dans un sommeil réparateur. Pour moi, je me mis à cheval sur une chaise dont le dossier me servit d'oreiller, et trop agité pour trouver le sommeil, je tisonnai et entretins le feu, dont la chaleur importait à nos dormeurs insuffisamment couverts.

Durant mon insomnie, je passai d'abord en revue les projets les plus extravagants de vengeance; mais le froid, auquel ne peuvent que difficilement se soustraire les personnes qui veillent, surtout aux premières heures du jour, glaça mon effervescence.

D'ailleurs, l'une des guèpes licenciées par Alphonse Karr, qui s'était fait recevoir dans notre ambulance, en adoptant nos débonnaires coutumes, et en ne faisant que rarement usage de ses mandibules, s'envola au point du jour pour butiner dans le village, et revint bourdonnant : « que ce contempteur égoïste et superbe « d'une ambulance dévouée sans ostentation au « soulagement de nos soldats, n'était qu'un enrichi ; que ses prétendues bonnes actions « déguisaient des visées ambitieuses; que sa for-

« tune..... » Vite je fis lâcher prise à l'hyménoptère, qui déjà mordait et suçait jusqu'au sang. Je n'avais pas besoin d'en savoir davantage pour admettre des circonstances atténuantes, en faveur d'un individu dont la soif des richesses avait desséché le cœur :

Un chercheur d'or n'est pas un lapidaire,

Et je me bornai à lui faire remettre comme avertissement amiable la lettre suivante :

« Je m'étais éloigné, Monsieur, pour trouver « un logement aux membres de l'ambulance « mobile que j'ai l'honneur de diriger, lorsque « l'inconvenance de vos procédés l'a obligée à « s'éloigner deux fois des asiles temporaires que « lui avait accordés votre régisseur.

« N'ayant pu protester immédiatement contre « l'indignité de votre conduite, je crois devoir le « faire par écrit.

« Depuis six semaines que l'ambulance mo- « bile de la Côte-d'Or accompagne nos armées « si éprouvées, pour contribuer à soigner leurs « chers blessés, elle n'a rencontré que chez les « Prussiens, dont elle a été la prisonnière, des « procédés analogues aux vôtres. En tout lieu, « jusqu'à ce jour, elle a été comblée de témoi- « gnages de considération et de bienveillance, « parce qu'elle avait eu l'avantage de ne ren- « contrer que des personnes dont l'intelligence

« élevée et le cœur généreux appréciaient la hau-
« teur de sa mission et le mobile de son dévoue-
« ment.

« Quant au prétendu conflit que vous redou-
« tiez avec l'ambulance ***, son digne chirur-
« gien en chef, M. ***, dont j'estime le caractère
« et admire le talent, vous eût bien vite ras-
« suré, j'en suis certain, car il a pu apprécier la
« modestie de nos prétentions et la confraternité
« de nos égards. »

Au souvenir de gratitude que nous emportâmes en quittant le presbytère, j'associai un sentiment de haute estime pour notre hôte qui n'avait pas hésité à s'exposer, en venant à notre aide, au ressentiment de son puissant voisin. Me rappelant alors l'histoire de Sybille, écrite d'une façon si attachante par Octave Feuillet, je me disais : « Ce n'est pas la conduite charitablement
« indépendante de notre digne prêtre, qui eût
« ébranlé la foi de cette enfant inexpérimentée
« et égarée par l'esprit de révolte, qui confondait
« l'humilité avec l'obséquiosité, et interprétait
« comme des signes de faiblesse, les égards
« pleins de mansuétude de son curé à l'égard de
« ses aïeux, dont les vertus traditionnelles s'im-
« posaient autour d'eux, et qui ne cessaient d'ou-
« vrir leur bourse à toutes les bonnes œuvres. »
Si Octave Feuillet n'a pas redressé lui-même l'er-

reur de son héroïne, c'est qu'il a compté sur la raison et la sagacité de ses lecteurs.

Vous ne pouvez douter, bienveillant lecteur, de ma confiance en votre sympathique indulgence, puisque je n'ai pas cessé, depuis notre départ de Mimerand, de vous raconter l'une des tribulations de notre caravane. C'est d'ailleurs un moyen d'abréger la route, puisque, durant cette causerie, nous avons quitté le département du Loiret pour pérégriner dans celui du Cher, et que nous entrons dans Vailly.

Mais ce chef-lieu de canton est encombré de troupes; malgré l'arrivée de la nuit, nous ne faisons que le traverser pour gagner Villegénon, en trouvant la première partie de la route éclairée par les feux des nombreux soldats, qui n'ont pu se réfugier dans les habitations. En les voyant épuisés par la marche et souvent par l'insuffisance alimentaire, bivouaquant dans la neige, grillés d'un côté et glacés de l'autre, obligés de veiller et de varier leurs attitudes pour éviter la congélation et se dégeler opportunément, nous éprouvions pour eux d'autant plus de sympathies, que nous prévoyions les maladies que devaient engendrer ces causes d'épuisement des sources de la vie.

Villegénon ne renfermant qu'une partie de l'avant-garde, nous parvenons facilement à nous y loger, surtout chez le maire et le curé de cet important village. Nous ne pouvons douter des dispositions hospitalières de ses habitants, si nous en jugeons par celles de l'un d'eux qui, ne possédant qu'un lit, m'offrit de le partager avec l'un des membres de l'ambulance. J'obtins pour notre malade un asile chez des religieuses cumulant les fontions d'institutrices et de garde-malades. Quant à nos chevaux, dont le placement était toujours difficile, et auprès desquels couchaient habituellement les cochers, ils furent reçus dans les dépendances du château de M. de Bonneau, qui voulut bien m'exprimer son regret de ne pouvoir nous offrir l'hospitalité, parce qu'il logeait un état-major si nombreux, que des officiers supérieurs devaient reposer sur des fauteuils.

Le rendez-vous du départ était fixé auprès de la maison des sœurs, où les voitures devaient prendre notre malade, mais les troupes parties de grand matin de Vailly, défilaient déjà sur la route, et nos voitures durent attendre une occasion favorable pour s'introduire au milieu d'elles. Ayant pris les devants en pénétrant dans un régiment de marche, je ne tardai pas à être abordé par un officier, qui m'invita brusquement à sortir des rangs auxquels je n'appartenais pas.

« Le bivouac, pensai-je, a sans doute agacé les

« nerfs du capitaine; si je le retrouve un jour « blessé sur quelque champ de bataille, je le « comblerai de tant de soins, qu'il sera obligé « de regretter son inconvenant procédé. » Alors, je rétrogradai jusqu'à nos voitures, où j'appris qu'on avait refusé de les laisser profiter d'un vide existant dans la colonne en marche, en ajoutant qu'elles devaient suivre les troupes. Ces procédés blessants dont avaient déjà souffert plusieurs ambulances sous des formes variées, ne firent qu'éveiller davantage nos sympathies pour ces troupes irritées par les fatigues, les privations et les souffrances d'une longue retraite, et entraînées à envier la situation moins pénible des ambulanciers. Cependant, comme le défilé devait être long, et que notre présence sur le derrière de l'armée dirigée sur Bourges était sans utilité, nous quittâmes la route d'Henrichemont pour nous rendre à Sancerre, où nous arrivâmes à une heure avancée de la soirée, après avoir fait une halte dans le village *Le Noyer*, dont j'ai déjà signalé le généreux accueil, et au-delà duquel nous parcourûmes des plateaux élevés sur lesquels le vent du Nord faisait tourbillonner la neige.

Nous arrivâmes à Sancerre par une route en arc de cercle, dont avaient suivi la corde plusieurs de nos ambulanciers, avertis par un rural de l'existence d'un chemin de traverse. Ils mirent à profit leur attente pour obtenir à la mairie des billets de logement pour tous les membres du personnel, un seul excepté. C'était notre infirmier-chef, qui aurait porté l'effroi et la contagion en se présentant à domicile avec son visage hérissé de pustules, et que je dus conduire et recommander à l'hôpital. La salle des varioleux étant pleine, les sœurs hospitalières voulurent bien y faire établir un lit supplémentaire, où je laissai notre cher camarade réchauffé sous ses couvertures, et réconforté par un excellent potage.

A peine sorti de cet asile de la souffrance, je regrettai de n'y avoir pas demandé pour la nuit un lit auquel j'avais droit, car les longues marches, le froid, l'usage de viandes provenant d'animaux surmenés, le vin acide du Loiret, etc., avaient altéré ma santé. Jugeant utile de recourir à une infusion légère de thé noir, j'entrai dans une pharmacie pour acheter l'alcool nécessaire à l'ébullition de mon breuvage, et trouvai dans l'officine une jeune femme, probablement celle du pharmacien, auquel elle servait d'aide, ainsi qu'on l'observe fréquemment dans les petites villes. Je lui exposai ma demande, en ajoutant que je la priais de me fournir de l'alcool, dont la parfaite combustion garantît la confection de mon thé. Alors, dirigeant sur ma croix d'ambulance des yeux timides et doux, comme ceux d'une gazelle, elle me dit d'une voix non moins douce : « Mais cette préparation est très-embar-« rassante pour un voyageur, si j'osais, Mon-« sieur, je vous prierais d'accepter une tasse de « thé que je préparerai moi-même. » L'offre était faite avec une spontanéité si charmante, que j'acceptai sans hésiter ; alors je fus invité à entrer derrière la pharmacie dans une chambre confortable, où reposait un jeune mobile, frère de mon introductrice. Son visage pâle, ses traits délicats et distingués, sa physionomie intelligente et ses formes grêles, me firent immédiatement reconnaître un ouvrier de la pensée et un ciseleur de phrases. Je ne m'étais pas trompé, car il était avocat à Paris, et attaché à la rédaction d'un journal politique, lorsque la défense du pays l'appela à prendre rang parmi les mobiles du département du Cher. Mais sa constitution peu vigoureuse ne put résister à la vie rude des camps, il tomba malade et fut envoyé en convalescence dans sa famille.

Entre un mobile venant de faire campagne et un chirurgien d'ambulance, les sujets de conversation ne pouvaient faire défaut ; aussi la nôtre devint animée et était intime, lorsque la raison m'imposa l'obligation de m'éloigner pour goûter un repos très-nécessaire. En prenant congé de la maîtresse de maison, j'étais bien tenté de demander la faveur de baiser la main bienfaisante qui m'avait préparé un thé doublement parfumé ; mais craignant de manquer de réserve, je me résignai à n'exprimer que de vive voix ma respectueuse gratitude.

Rentré dans mon logement, je me couchai sur le ventre à défaut de cataplasme laudanisé (conseil d'un médecin au lecteur !) et dormis du meilleur sommeil, auquel m'avaient disposé une boisson réconfortante et plus encore un gracieux témoignage de bienveillance.

Le lendemain matin, lorsque nous quittâmes Sancerre, le soleil dardait vainement ses rayons sur les arbres chargés de givre et sur l'épais manteau de neige qui recouvrait la terre, car le froid rigoureux imposait son empire à toute la nature. C'était un spectacle éblouissant ! Mais combien il aurait eu plus d'attraits si, du plateau sur lequel domine Sancerre, nos yeux ravis eussent pu admirer, dans une belle saison, les pentes couvertes de vignobles produisant un vin renommé, un bassin luxuriant et fertile, et à l'est, à deux kilomètres de distance, le cours sinueux de la Loire.

Nous fîmes étape à l'approche de la nuit près les Aix-d'Angillon, au château de Céols, appartenant à M. le baron d'Arnouville, dont nous regrettâmes l'absence temporaire qui nous priva de l'honneur de son accueil et du plaisir de lui faire agréer de vive voix nos remerciements.

Ayant obtenu à la ferme la jouissance, pendant la soirée, d'une vaste chambre inoccupée, un feu pétillant fut allumé dans sa cheminée gigantesque, et l'on suspendit à la crémaillère un chaudron contenant de l'eau, que plusieurs ambulanciers *muscadins* utilisèrent pour laver du linge dont ils avaient un extrême besoin. En effet, leurs sacs militaires n'en pouvaient renfermer qu'une faible provision, et nous avions oublié vraiment de faire suivre l'ambulance d'un blanchisseur. D'autres, plus détachés des besoins corporels, ajournèrent stoïquement jusqu'à leur arrivée à Bourges, un changement de linge devenu trop indispensable.

Si je surmonte ma répugnance à m'arrêter, même en plaisantant, sur ces infimes détails; c'est qu'il s'est trouvé des personnes assez injustes pour comparer les ambulanciers à des touristes ayant le loisir de se lisser les ongles, de se parfumer et de se parer comme un gentleman. Singuliers touristes, qu'on voyait bravant la pluie, la neige et le froid, autour ou à la suite de leurs voitures, sous des manteaux de caoutchouc à capuchon, et marchant le plus souvent dans la boue, les pieds engagés dans des souliers ferrés avec guêtres en cuir, ou dans des bottes fortes, raidies par les alternatives d'humidité et de sécheresse, et qu'ils ne trouvaient que rarement l'occasion d'assouplir.

Le lendemain 12 décembre, eut lieu notre arrivée à Bourges encombré de troupes, à une heure trop avancée de la soirée pour procéder de suite à l'installation définitive de notre matériel, et trouver un lieu de réunion. Nous obtînmes le jour suivant ce résultat, grâce à l'obligeance confraternelle de l'ambulance du Midi, qui voulut bien modifier ses habitudes, de façon à nous faire partager le local qu'elle occupait, et dont faisait partie une salle de bal et concert, où Bellone avait mis en fuite Euterpe et Terpsichore.

Le même jour, notre infirmier-chef Guillot, dont la varioloïde exigeait une longue convalescence, fut dirigé sur Dijon sous la protection de l'un de nos chirurgiens, M. Guérard, que je désignai afin de lui procurer la joie de revoir sa famille et sa jeune femme, dont il s'était volontairement séparé pour s'associer au dévouement de l'ambulance. Il avait pour mission spéciale, de nous revenir le plus tôt possible, avec des ressources pécuniaires dont nous avions un besoin urgent.

En effet, lors de notre second départ de Dijon,

le délégué de la société de secours aux blessés ne m'avait remis qu'une somme de 1,000 francs, qui s'ajoutant à un reliquat de 500 francs, nous constituait un capital de 1,500 francs. Cette somme était évidemment insuffisante pour l'entrée en campagne d'une ambulance composée de vingt et une personnes et de trois chevaux. Croyant rejoindre l'armée des Vosges, dont les opérations militaires avaient lieu en Franche-Comté, je ne m'inquiétais pas de notre situation pécuniaire, à cause de mes relations avec cette région de la France où mon crédit était assuré. Mais ainsi qu'on l'a vu plus haut, l'armée des Vosges était venue augmenter celle réunie à Chagny, que nous accompagnâmes vers la Loire. Notre petit capital avait été dévoré en un mois, malgré l'intelligente parcimonie de notre comptable qui nous imposait les rations d'une place assiégée et affamée, et bien que nous ayons profité des subventions de l'intendance, ainsi que de la bienfaisance privée. J'ai déjà signalé que lors de notre première arrivée à Gien, ne pouvant nous procurer du pain et de la viande sans des bons de l'intendance, nous les acceptâmes en nous attachant au 18e corps; mais nous avons jugé convenable de n'y recourir que pendant notre activité de services au milieu des troupes, et de ne pas imposer cette charge au trésor de l'armée, en la suivant vers Ladon, et durant ses deux retraites de Bellegarde à Gien et de Gien à Bourges. Je m'empresse d'ajouter que, pendant que nous allégions le trésor public, nous n'éprouvions aucun scrupule à imposer la bienfaisance privée, dont les témoignages nous ont inspiré une reconnaissance qu'elle a sans doute partagée, puisque nous étions également ses bienfaiteurs, en lui offrant l'occasion d'accomplir le bien au souvenir des blessés de la France.

La mairie de Bourges nous ayant délivré des billets de logement, je fus adressé à M. le docteur Guérin, chirurgien en chef de l'hôpital, qui me reçut avec une cordialité à laquelle sa famille voulut bien s'associer. Cette maison eut encore pour moi un autre attrait, c'est que j'avais sous mes yeux le beau portrait d'un homme célèbre, dont l'exemple était bien propre à fortifier le sentiment du devoir ; c'était celui du courageux défenseur de Marie-Antoinette, Chauveau-Lagarde, dont Mme Guérin était la proche parente. On m'avait fait connaître à Paris cet illustre avocat, et je ne le rencontrai jamais dans le faubourg Saint-Germain, sans le saluer avec un profond sentiment de respect et d'admiration. Je le vois encore, marchant d'un pas lent et grave, et rendant mon salut en dirigeant sur moi un regard étonné et scrutateur, comme pour chercher mon nom dans ses souvenirs. Je n'osais lui dire : « Je suis « pour vous un inconnu, et si je vous salue, « c'est que mon cœur admire et vénère l'intré- « pide avocat qui, au péril de sa vie, s'est efforcé « d'arracher à ses bourreaux une reine infor- « tunée. »

Notre personnel devant rester à Bourges, à portée des divers corps d'armée, durant un temps indéterminé, ses membres cherchèrent des occupations conformes à leur destination. Mais nos démarches furent inutiles, car les médecins de la ville faisaient le service des grandes ambulances locales, et les petites étaient déjà insuffisantes pour satisfaire le zèle de l'ambulance mobile de Saint-Etienne, que ses rapides voitures avaient transportée à Bourges avant notre pédestre arrivée. Nous fûmes donc réduits à visiter les monuments et établissements de Bourges, sa magnifique cathédrale, l'hôtel de l'argentier Jacques Cœur actuellement hôtel de ville, la maison de Cujas où s'est installé la gendarmerie, la maison des Lallemant, et la fonderie de canons qui avait interrompu sa fabrication, parce que l'invasion menaçante de l'ennemi avait fait transporter ailleurs son matériel, mais où fonctionnait encore une cartoucherie occupant un grand nombre de personnes du sexe féminin. Toutefois, nous ne négligions pas de nous rendre, au moins en amateurs, dans les hôpitaux et quelques ambulances, et de nous précipiter, lorsque l'occasion s'en présentait, sur les miettes qui tombaient de la table de la Bienfaisance; c'est ce qui m'arriva un jour d'une façon assez intéressante pour en motiver le récit.

Cédant aux exigences nerveuses de mon estomac lorsque la concession était opportune, je ne lui imposais pas l'obligation d'attendre la distribution tardive de la soupe *économique,* que faisait préparer pour le premier déjeûner notre prudent comptable, qui envisageait avec effroi l'épuisement de sa caisse.

J'entrai donc un froid matin, entre sept et huit heures, dans un café qui ouvrait ses portes, et demandai une tasse de café au lait.

— Il n'y a pas de lait, M'sieu, dit le garçon.

— Alors donnez-moi un mazagran (verrée de café très-étendu d'eau). Et je m'assis à une table, où je grignotai mon petit pain en l'arrosant par gorgées de ce noir breuvage.

Le lendemain, même demande et réponse uniforme; ce qui me décida à faire mon ordinaire du mazagran, puisque le café au lait était devenu un mythe.

Deux jours après, le garçon me répondit d'un air satisfait : « Je puis vous donner une tasse de café au lait, » que je m'empressai d'accepter. Alors, prenant un journal, je m'absorbais dans sa lecture, lorsque j'entendis de grosses bottes retentir dans le café et :

— Garçon ?

— V'là, M'sieu.

— Une tasse de café au lait ?

— Il n'y en a pas, M'sieu.

Levant alors les yeux sur le consommateur frustré de son espoir, je vis un jeune officier dont les vêtements en désordre et souillés de boue, les cheveux collés sur les tempes, les yeux profondément cernés, le visage décoloré et les traits amaigris, exprimaient un profond épuisement. Aussitôt se réveilla en moi le médecin d'ambulance.

— Lieutenant, lui dis-je, on vient de vous répondre qu'il n'y avait pas de café au lait, mais on m'en a promis une tasse, veuillez l'accepter, je vous l'offre de bon cœur et serai votre obligé.

— Monsieur, répondit-il, permettez-moi d'hésiter, car je ne me connais aucun droit à cette attention.

— Vous en avez un incontestable, c'est que vous êtes épuisé et harassé, tandis que je souffre d'un excès de repos.

— Alors j'accepte, dit le jeune officier, et venant s'asseoir à la table la plus voisine, il me regarda attentivement et ajouta : — « N'est-ce pas M. le docteur Dugast que j'ai l'honneur de rencontrer ? »

— Vous l'avez dit, répliquai-je en souriant, et puisque vous savez mon nom, il me sera agréable de connaître le vôtre ?

— Je me nomme Donzel ; la mort m'a enlevé mon père qui était médecin, mais j'ai le bonheur de conserver ma mère, fille et sœur des docteurs Sassier, de Chalon-sur-Saône, et je suis le parent de M. Paillot qui a eu le plaisir de vous recevoir lors de votre passage à Pierre.

— Ah ! Monsieur, exclamai-je d'une voix émue, combien je suis récompensé de vous avoir cédé ma tasse de café au lait !

Puis il me raconta qu'il était élève de troisième année à la faculté de droit de Dijon, dont il s'était éloigné pour servir dans les mobiles de Saône-et-Loire en qualité de lieutenant, et qu'on lui avait donné le commandement d'un détachement chargé d'escorter, jour et nuit, les convois de vivres. Nous parlâmes ensuite de personnes pour lesquelles nous éprouvions tous deux de l'attachement et de la reconnaissance, et nous nous séparâmes à regret, les mains dans les mains.

Pendant que l'ambulance cherchait à calmer

le besoin d'être utile, notre mandataire n'arrivait pas, et nous n'avions aucune nouvelle de la Bourgogne. Cependant notre petit capital devenait microscopique, et nous allions être réduits à notre argent de poche, ce qui me détermina à faire des démarches, pour que l'activité des membres de l'ambulance pût s'exercer dans le cas où nous serions obligés de nous disperser. J'obtins facilement de mon ami Riembaut la promesse de plusieurs admissions dans la riche ambulance de Saint-Etienne; il me fut permis d'espérer quelques places dans un service hospitalier et dans une vaste ambulance; et j'avais lieu de penser que deux ambulanciers aventureux seraient agréés comme chirurgiens de bataillon. Enfin un officier supérieur des mobilisés du Cher, M. le prince d'Aremberg, l'un de ces nombreux privilégiés du rang et de la fortune qui ont volontairement offert leur existence pour la défense du pays, et dont j'avais eu l'honneur de faire la connaissance auprès de M. de Voguë, avait bien voulu m'offrir l'hospitalité dans son château de Ménetou-Salon, où mon concours et celui du personnel disponible eussent été agréés par Mme d'Aremberg, et utilisés dans son ambulance ainsi qu'auprès des nombreux malades de la localité. J'avais déjà informé l'ambulance de la probabilité de sa dissolution au moins temporaire, lorsque la

Providence nous accorda l'occasion de nous soustraire à cette pénible nécessité.

Informé par notre cher aumônier qu'à l'entrée de l'un des faubourgs de la ville, sur la route de Dun-le-Roi, le petit séminaire de Saint-Célestin contenait beaucoup de soldats malades privés de tout secours médical, je le priai de m'y accompagner. A peine eûmes-nous pénétré dans l'une des grandes salles de ce vaste séminaire, encombrée d'individus couchés sur la paille, que nous fûmes entourés et assaillis par les moins invalides, dont les visages effleuraient nos visages, et plongeaient dans nos yeux leurs regards désespérés. En même temps nos oreilles étaient assourdies par leurs émouvantes réclamations : « J'ai « faim, je suis gelé, faites-moi donner à boire, je « souffre, je n'ai pas été pansé depuis plusieurs « jours!!!..... » C'était un spectacle désolant, propre à troubler la raison, et qui rappelait l'enfer du Dante. Nous sortîmes navrés, et je courus chez M. de Voguë; il était absent, mais devait rentrer dans la soirée. Je retournai le soir ; l'émotion qui me débordait eut bientôt pénétré ce digne représentant de la société française de secours aux blessés, qui me promit de s'occuper, sans retard, des secours médicaux indispensables aux délaissés de l'ambulance Saint-Célestin.

Le lendemain matin, au moment où je me disposais à retourner chez M. de Voguë, les membres de l'ambulance me firent part du résultat de leurs réflexions sur la perspective d'une dissolution, même temporaire. Associés au moment de leur départ pour faire le bien en communauté, ils étaient liés par un vif attachement, et prévoyaient que leur séparation serait pleine d'amertume. Dans le but d'en ajourner l'époque jusqu'au terme de leur mission, ils me proposèrent de contracter un emprunt, dont tous seraient responsables. Cette proposition si honorable pour un personnel, qui déjà avait fait abandon de ses appointements, me toucha vivement; je m'y associai immédiatement, et priai M. de Voguë de vouloir bien recommander l'ambulance de la Côte-d'Or à l'un des banquiers de Bourges.

« — Votre demande, me répondit-il, ne serait
« pas accueillie favorablement, parce que nos
« banquiers ont cessé de prêter, même aux per-
« sonnes les plus considérables. D'ailleurs, vous
« n'avez pas besoin de recourir à un emprunt;
« les services que vous rendrez à Saint-Célestin,
« m'autorisent à vous accorder une subvention
« sur les fonds alloués aux ambulances du
« Cher. »

En conséquence, une somme de mille francs fut remise le lendemain par M. de Voguë à notre comptable, et employée en notable partie au soulagement des malades de Saint-Célestin. Lors de notre départ de Bourges, son reliquat s'élevant à cent francs, fut réservé et déposé entre les mains du délégué de la société internationale, pour être mis à la disposition de M. de Voguë. Sa bienveillante intervention, qui fut providentielle pour l'ambulance de la Côte-d'Or, est encore un argument à l'appui de la nécessité, déjà signalée, de faire suivre chacune de nos armées par un notable représentant de la société française des secours aux blessés.

Je m'étais empressé de porter la bonne nouvelle à nos ambulanciers, et le même jour 21 décembre, après avoir été présenté par M. de Voguë à M. l'intendant militaire Gresle, l'ambulance s'installa au petit séminaire Saint-Célestin avec la recommandation suivante :

« J'ai l'honneur d'adresser à M. Bernard, offi-
« cier d'administration principal des hôpitaux,
« chargé du petit séminaire, M. le docteur Du-
« gast, chirurgien en chef de l'ambulance mo-
« bile de la Côte-d'Or, qui s'offre avec son per-
« sonnel médico-chirurgical, à donner des soins
« aux malades du grand dépôt du petit sémi-

« naire. Ces offres sont acceptées avec reconnais-
« sance.

« Pour l'intendant en chef de l'armée,

« *L'intendant militaire*,

« GRESLE. »

Puisque l'ambulance se détachait temporairement du 18ᵉ corps, je crus devoir en informer son intendant en chef, et lui exprimer nos vifs regrets d'être contraints à subir cette nécessité par l'épuisement de nos ressources pécuniaires, et l'interruption de nos communications avec le département de la Côte-d'Or occupé par l'ennemi.

« Toutefois, ajoutai-je, l'ambulance mobile de
« la Côte-d'Or ne se borne pas à accompagner
« nos armées de ses vœux ardents pour leur
« triomphe, elle espère les servir encore, bien
« que d'une façon moins active, en consacrant
« ses soins aux militaires placés dans les ser-
« vices hospitaliers de Bourges, et plus spéciale-
« ment dans celui si important du petit sémi-
« naire Saint-Célestin. »

Cet établissement d'éducation, fondé par le cardinal Dupont, décédé archevêque de Bourges, offrait des proportions colossales qui lui permettaient de loger un grand nombre d'individus. Aussi, dès le mois d'octobre 1870, par suite de nécessités militaires, ce petit séminaire fut transformé provisoirement en une caserne, où se succédèrent de nombreux soldats, pour lesquels on établit d'immenses lits de camp.

A la reprise d'Orléans, suivie de la retraite de la première armée de la Loire, Saint-Célestin fut envahi et encombré en quelques jours par 3.000 soldats affectés de typhus, de fièvre typhoïde, de variole, de dyssenterie, de diarrhée chronique, de pneumonie, de bronchite, de blessures, de congélation, ou d'épuisement plus ou moins radical.

Cette multitude était couchée sur la paille dans de vastes salles non chauffées, dont les fenêtres offraient un grand nombre de carreaux brisés, sans autre abri contre le froid, que des vêtements de campagne, déchirés et en désordre, et sans aucun secours médical, car les médecins de Bourges étaient déjà absorbés par d'autres ambulances. Les déjections de toutes natures imprégnaient les vêtements, ainsi que la couche de paille sur laquelle étaient gisants et croupissaient les plus malades, auxquels le linge de rechange faisait entièrement défaut; tandis que ceux qui pouvaient se mouvoir, souillaient les escaliers, les corridors, et toutes les parties de l'établissement. Si l'on joint à cette source d'exhalaisons putrides, les miasmes résultant de l'encombrement et des maladies contagieuses (variole, typhus), on comprendra combien était fétide et délétère, l'air en circulation dans les salles encombrées et même dans tout l'établissement, et pourquoi il portait, dit-on, l'effroi parmi les habitants de Bourges.

Quelques-uns de ces malheureux servaient de pâture à la vermine; je me rappellerai toujours un zouave qui avait les deux pieds entièrement gelés, et dont l'une des jambes fut amputée par notre chirurgien Bourée; ses cheveux étaient agités comme la surface d'une fourmillière, sans qu'il parût en être incommodé, tant son hébétude, sa prostration et sa torpeur étaient exagérées.

Ce tableau résumait, d'une façon expressive et lamentable, les souffrances auxquelles étaient exposées, durant cette campagne d'hiver, nos troupes incomplétement équipées, mal nourries, épuisées par les marches et les veilles, et découragées par des revers ou des combats sans gloire.

M. l'officier principal Bernard, auquel M. l'intendant Gresle nous avait adressés, était avant la guerre directeur de l'hôpital militaire du Gros-Caillou, dont il avait été détaché pour remplir d'importantes fonctions à l'armée du Rhin, ainsi que dans les ambulances de Metz jusqu'à sa capitulation. Familiarisé avec tous les détails des services hospitaliers, il se multipliait depuis son arrivée très-récente à Saint-Célestin, pour assurer les secours nécessaires à ces intéressants malades, que d'incessantes entrées rendaient chaque jour plus nombreux.

Aussi fûmes-nous accueillis avec le plus cordial empressement, et rien ne fut négligé pour nous faciliter les moyens de remplir notre indispensable mission. Associés aux efforts intelligents de cet homme de cœur, nous nous jetâmes dans cette mêlée souffrante et plaintive, et pendant dix-huit jours nous soignâmes plus de cinq mille victimes d'une retraite faite dans les conditions les plus pénibles.

Pour obtenir ce résultat, les chirurgiens de tous grades devinrent chefs de service, et se partageant les salles du rez-de-chaussée, du premier étage, et même les greniers, où ces pauvres réfugiés se pressaient côte à côte, durent se prodiguer sans tenir compte de la fatigue.

C'est une erreur et même une injustice, d'admettre que le cœur du médecin devient insensible au spectacle répété de la douleur, car j'avais le cœur brisé et des larmes aux paupières, ma parole elle-même trahissait mon émotion, lorsque je m'agenouillais sur les lits de camp ou sur le sol, pour explorer et écouter chacun de ces

malades, dont la peau blafarde, les regards atones, et la voix éteinte traduisaient le profond épuisement, et résumaient les souffrances passées et présentes. Cette sensibilité morale dont un homme de guerre doit éviter l'excès, n'est jamais exagérée chez un médecin, destiné à sympathiser avec la douleur humaine, qu'il est chargé de guérir ou au moins de soulager. On peut même affirmer à ce sujet ce qu'un roi de France disait de la bonne foi : « Que si la sensi-
« bilité était bannie du cœur des hommes, elle
« devrait trouver un asile dans le cœur des méde-
« cins. »

Combien la mort fauchait parmi ces malades ! Je m'étais réservé la pénible tâche de constater ses ravages, en comprenant dans mon service une salle dite infirmerie, parce qu'elle était la seule pourvue de lits au nombre de vingt, et convenablement chauffée. Elle eût été plus exactement nommée *chambre ardente*, car aussitôt qu'un lit y devenait vacant par décès, on se hâtait de le faire occuper par un sujet dont on prévoyait la mort, afin d'en adoucir l'approche par l'enlèvement de ses vêtements, par la substitution d'un lit à la paille humide qui lui servait de couche, et par l'influence d'une douce température. Mais on avait aussi pour but secret d'épargner à ses nombreux voisins le spectacle de son agonie !

C'est à l'infirmerie que notre aumônier prolongeait davantage son séjour : il s'installait au chevet des chers malades, y remplaçait leurs familles et leurs amis, et leur offrait des consolations religieuses, qu'ils accueillaient toujours avec empressement, car les souffrances les ramenaient à Dieu et aux croyances de leurs jeunes années. J'entends encore ce digne aumônier me dire d'une voix émue, en me montrant une croix suspendue à son cou, et que les malades baisaient avec ferveur lorsqu'il la portait à leurs lèvres :
« Cette croix a été sanctifiée par leur martyre,
« leurs baisers l'ont couverte et enrichie des pier-
« res les plus précieuses, elle restera mon plus
« fidèle souvenir, et je ne m'en séparerai ja-
« mais. »

J'avais encore un moyen de constater la part de la mort dans cette multitude, il consistait hélas ! dans la signature des billets de décès. Parfois au lieu du nom du décédé, on y voyait inscrit ce mot doublement funèbre : *inconnu*. Je pensais alors à ces pauvres familles, qui recevraient du ministère de la guerre un avis leur annonçant que leur fils était compris parmi les : *disparus ;* je m'associai d'avance à leur attente anxieuse, et m'attristai en pensant qu'elle ne pourrait avoir le même dénouement que dans la touchante comédie de Mme Emile de Girardin : « *La joie fait* « *peur.* »

La mortalité, considérable au moment de notre arrivée, diminua notablement sous l'influence des soins auxquels nous contribuâmes, et eût été plus restreinte, si les malades n'avaient offert une atonie générale qui ajoutait à la gravité des affections locales. Nous avons obtenu ce résultat si désiré, non-seulement à l'aide d'une médication pharmaceutique dont nous avons fait en grande partie les frais, mais encore en associant nos efforts à ceux de M. l'officier principal Bernard, pour choisir des infirmiers parmi les convalescents les plus valides, séparer les maladies contagieuses de celles non susceptibles de se propager, faire adopter des habitudes de propreté, améliorer toutes les conditions de température, procéder à l'évacuation des malades susceptibles d'être dirigés sur des ambulances moins encombrées, et hospitaliser plusieurs salles de façon à y placer convenablement ceux obligés de s'aliter.

On croira difficilement que le vitrier demandé, avec des instances motivées, pour rétablir le vitrage dont l'absence contribuait à refroidir les salles, s'acquitta de sa tâche avec une dangereuse négligence. Indigné de cette lenteur coupable, je lui dis avec véhémence, qu'il devrait être fusillé pour avoir augmenté le nombre des morts, en contribuant à exagérer la gravité de maladies auxquelles le froid était fatal.

Les poêles achetés pour le chauffage des salles n'étant pas installés avec assez de célérité, notre bouillant aide-major Remy, que Fabius Cunctator n'aurait certainement pas envié comme aide-de-camp à son impatient général de cavalerie Minutius Rufus, s'indigna à son tour de cette périlleuse temporisation, et furetant dans Saint-Célestin, y découvrit des poêles hors de service. Alors, il s'improvisa poêlier, et son désir d'être utile lui fit tirer parti de sa trouvaille, avec une adresse et une activité qui durent éveiller l'étonnement et le remords des poêliers en retard.

Le choix des individus à transporter par la voie des chemins de fer, était confié à chacun des huit chefs de service, et la liste en était dressée par des attachés au bureau de M. l'officier principal Bernard, qui présidait et surveillait tous les départs. Nous nous empressions d'y assister, pour entourer d'ouate maintenue avec des bandes les pieds des écloppés, de façon à prévenir la congélation rendue menaçante par le froid rigoureux qui régnait à cette époque de l'année. De plus, notre fourgon et notre omnibus transportaient au chemin de fer les individus qui ne pouvaient marcher jusqu'à la gare de Bourges, distante d'un à deux kilomètres.

Outre les infirmiers choisis parmi les convalescents, nous avons eu pour auxiliaires très-utiles plusieurs élèves du petit séminaire, autorisés par leurs parents et encouragés dans leur dévouement par MM. les abbés Mingassou, l'un supérieur et l'autre économe du séminaire Saint-Célestin. Ces deux prêtres, frères par la charité encore plus que par le sang, ont acquis des droits à notre affectueuse gratitude et à celle de l'armée, par leur empressement à rendre nos fonctions moins pénibles, et à mettre avec un parfait désintéressement, à la disposition des malades, une partie du mobilier de l'établissement.

On a lieu de s'étonner que les habitants de l'importante ville de Bourges, certainement informés de la détresse des malades de Saint-Célestin, ne leur soient pas venus en aide. Parmi les causes de cette apparente indifférence, je crois pouvoir indiquer les suivantes : les secours n'auraient pas manqué s'ils avaient été prévus par une société d'ambulanciers dont je ne cesserai de proclamer les nombreux avantages ; avant l'encombrement de Saint-Célestin, des blessés ou malades remplissaient les établissements où la bienfaisance est un devoir religieux ; plusieurs familles connues par leurs habitudes charitables avaient aussi leurs ambulances privées ; d'autres étaient douloureusement atteintes par les calamités de la guerre ; et puis, les malades étaient oubliés parce que l'organisation des valides absorbait les préoccupations. Cependant on est obligé de faire la part de l'indifférence coupable, dans laquelle se plongeaient ces égoïstes ne donnant, même au début de la guerre, aucun témoignage d'intérêt et n'accordant aucune subvention alimentaire aux troupes, qui devant en supporter les fatigues et les privations, avaient besoin de s'y préparer par une nourriture fortifiante, dont leur modique solde ne leur permettait pas de faire les frais.

D'ailleurs, à notre époque de matérialisme, d'indifférence et même de négation religieuse, où des intelligences égarées cherchent à faire prévaloir la croyance dégradante et abrutissante, que l'homme n'est qu'un animal occupant le premier degré de l'échelle, il est logique que les partisans de ces doctrines perversives de l'état social, traitent les soldats comme du bétail humain qu'on envoie au combat, ainsi qu'on conduit un bœuf à l'abattoir.

Peu de jours après notre entrée à Saint-Célestin, nous fûmes rejoints par M. le chirurgien

Guérard, dont le concours était vivement désiré et qui nous fit part de son odyssée. Il n'avait pu dépasser Beaune, parce que les troupes françaises et allemandes occupant les routes entre cette ville et Dijon, se préparaient au combat du 18 décembre, et qu'il était certain de ne pouvoir sortir de cette ville occupée par l'ennemi si on lui en accordait l'entrée. Mais comme notre infirmier-chef devait y rester en convalescence, il lui confia le soin de faire connaître nos besoins pécuniaires à M. le Délégué de la société française de secours aux blessés. Bien que M. Guillot ait eu la précaution de s'écarter de la grande route pour suivre les chemins qui faisaient communiquer les villages occupant le versant est de la *Côte-d'Or*, il fut arrêté plusieurs fois par les postes des deux armées, qui lui laissèrent continuer sa route, après avoir pris connaissance de sa commission d'ambulancier et du certificat de convalescence que je lui avais délivré à l'appui des traces morbides disséminées sur son visage. Arrivé à Dijon, il se hâta de s'acquitter de sa mission auprès de M. Favre, qui partit sans retard pour Auxonne, afin d'avoir la possibilité d'adresser à notre chirurgien délégué une somme de deux mille francs, qui s'augmentèrent de deux cents francs donnés à l'ambulance par M. le docteur Affre, de Beaune, père de notre plus jeune sous-aide-major.

Nous éprouvâmes bientôt le regret d'être séparés de M. l'officier principal Bernard, obligé de se rendre à Chalon-sur-Saône où l'appelait M. l'Intendant en chef de l'armée. Après son départ, nous continuâmes à réaliser le plan adopté pour hospitaliser Saint-Célestin, et rendu possible par l'évacuation de la moitié des sujets auxquels était dû son encombrement. Ce plan consistait à installer au rez-de-chaussée et au premier étage convenablement aérés et lavés, de l'une des deux vastes ailes du petit séminaire, trois cents lits environ destinés aux individus sérieusement malades, avec des salles réservées aux maladies contagieuses et surtout aux varioleux, tandis que la seconde aile devait recevoir la masse flottante des soldats légèrement affectés, ou ayant seulement besoin de sortir d'un épuisement voisin de la maladie, à l'aide d'une bonne nourriture, d'une douce température et du repos sur la paille. A l'unique sœur hospitalière attachée à l'infirmerie s'associèrent avec empressement d'autres sœurs du même ordre religieux, en nombre suffisant pour diriger, surveiller et compléter le service des malades alités.

Notre tâche avançait mais n'était pas accomplie, lorsque le 1er janvier 1871 on me remit à onze heures du soir le télégramme suivant :

« De Chalon-sur-Saône.

« INTENDANT EN CHEF, ARMÉE BOURBAKI,

« *à M. Dugast, médecin en chef de l'ambulance*
« *mobile au petit séminaire, route de Dun-le-*
« *Roi, Bourges.*

« Remerciements pour les services que vous
« avez rendus; prière de vous entendre avec in-
« tendant de Grossouvre pour être libre de re-
« joindre avec votre ambulance l'armée à Chalon-
« sur Saône, besoin urgent, toutes facilités vous
« seront données; voir M. l'officier principal
« Bernard à votre arrivée.

« Signé : FRIANT. »

Etant inconnus à M. l'Intendant en chef, nous attribuâmes sans hésiter à M. Bernard ce témoignage de haute confiance, et nous éprouvâmes pour ce fonctionnaire excellent et loyal un plus profond attachement, sinon plus d'estime. Combien d'individus à sa place auraient fait valoir leurs services à Saint-Célestin en laissant dans l'ombre et même dans l'oubli ceux de leurs émules en dévouement ! On rencontre même des envieux qui, ne voulant pas faire le bien, l'entravent et s'en font les détracteurs, ce qui ne doit pas empêcher de l'accomplir en se rappelant la belle et fortifiante maxime : « *Fais ce que dois, advienne* « *que pourra.* »

Le lendemain matin, je recevais de M. l'intendant militaire de Grossouvre, qui nous avait toujours témoigné beaucoup de bienveillance, la lettre suivante :

« J'ai l'honneur de faire connaître à M. le doc-
« teur Dugast que l'intendant en chef de la
« 1re armée me télégraphie ce qui suit, à la date
« du 1er janvier :

« *Prenez vos mesures pour que l'ambulance*
« *de la Côte-d'Or, dont M. le médecin en chef*
« *Dugast est directeur, puisse me rejoindre*
« *à Chalon-sur-Saône dans les quarante-huit*
« *heures. — Très-urgent.* »

« Je ferai tout mon possible pour faire rem-
« placer MM. les membres de l'ambulance de la
« Côte-d'Or à l'ambulance Saint-Célestin, mais
« cela me paraît bien difficile dans un laps de
« temps aussi court. Il me semble évident que
« cette ambulance va être en souffrance, et ce-
« pendant les militaires qui s'y trouvent ont be-
« soin de soins. M. le médecin en chef de l'ambu-
« lance aurait-il un moment pour venir causer
« avec moi de la situation qui va m'être faite. Je
« lui serai très-reconnaissant de vouloir bien
« m'aider de ses conseils, et d'ailleurs ce sera

« pour moi une excellente occasion de le remer-
« cier des services qu'il nous a rendus. Je re-
« grette de ne pouvoir monter moi-même au
« séminaire Saint-Célestin demain matin, mais
« je n'ai pas une minute à disposer, même pour
« une chose de cette importance.

« Je le prie de croire à l'assurance de mes sen-
« timents les plus sincèrement dévoués.

« *L'intendant militaire,*

« DE GROSSOUVRE. »

Malgré la vive satisfaction que nous causait le témoignage de confiance dont nous honorait M. l'intendant en chef Friant, et notre désir de déférer à sa demande, nous sentions que nous ne devions pas abandonner nos malades de Saint-Célestin, sans avoir pourvu à notre remplacement. Aussi, la lettre de M. l'intendant de Grossouvre nous trouva-t-elle disposés à lui continuer un concours, que ses occupations accablantes rendaient nécessaire, et je me rendis chez ce fonctionnaire, avec l'intention de le prier d'obtenir pour nous de M. l'Intendant en chef une prolongation de séjour. En me voyant entrer dans son cabinet, il s'écria d'un air joyeux « bonne nouvelle », et me raconta qu'il avait télégraphié pour obtenir l'ajournement de notre départ de

Bourges, et avait été autorisé à nous conserver d'une façon provisoire.

Nous reprîmes nos fonctions avec plus d'ardeur, en désirant toutefois être remplacés sans détriment pour nos malades, car les nouvelles de l'enlèvement de nombreux otages à Dijon, et surtout du combat de Nuits, nous étant parvenues, nous éprouvions au plus haut degré le besoin d'utiliser nos services dans notre département si éprouvé, et qui avait la première place dans nos sympathies.

Nos vœux ne tardèrent pas à être exaucés; car M. l'Intendant militaire voulut bien m'informer qu'il avait désigné des chirurgiens de bataillons de mobilisés en garnison à Bourges pour nous remplacer à Saint-Célestin, et télégraphié la dépêche suivante :

« 3 janvier 1871.

« *Intendant à intendant en chef* 1re *armée,*
« *à Chalon-sur-Saône.*

« Ambulance de la Côte-d'Or part demain pour
« rejoindre armée à Chalon-sur-Saône, et se
« mettre à votre disposition; j'ai une pleine sa-
« tisfaction des services rendus par elle ici, et
« je regrette son départ. J'organise un personnel
« auxiliaire pour continuer le service à Saint-Cé-
« lestin.

« Signé : DE GROSSOUVRE. »

En conséquence, je m'empressai de faire des démarches pour que notre ambulance fût comprise dans les transports du chemin de fer de Bourges à Chagny, entièrement réservé au 15e corps d'armée. Comme l'autorité militaire disposait complétement de cette voie, je dus solliciter auprès de M. le général Mazure, commandant la division de Bourges, une autorisation qu'il refusa d'abord sous le prétexte que notre ambulance était indispensable à Bourges, et n'accorda qu'après avoir reçu de M. l'intendant de Grossouvre l'assurance qu'il avait pourvu à notre remplacement.

Le 7 janvier au matin, ayant obtenu les réquisitions nécessaires à notre transport par le chemin de fer, nous fîmes nos adieux à l'ambulance Saint-Célestin, dont le souvenir nous sera toujours précieux puisque nous y avons fait le bien, et nous nous rendîmes à la gare.

C'est seulement dans l'après-midi, que nous pûmes être admis dans deux trains en formation, dont l'un reçut les quatre chirurgiens-majors, tandis que l'autre fut chargé de notre matériel accompagné par le reste de l'ambulance. Tous deux se dirigèrent sur Dijon, dont nous étions éloignés depuis deux mois, transformés en deux siècles par le nombre et la gravité des événements, et où nous étions impatients de nous arrêter, pour sympathiser directement avec nos concitoyens, et connaître le sort des personnes qui nous inspiraient une sollicitude anxieuse et une vive affection.

III

Campagne de l'Est.

Les trains dont l'ambulance faisait partie, n'emportaient que des personnes et du matériel à destination de l'armée de l'Est. Le compartiment du wagon de première classe dans lequel nous fûmes admis était maculé, et ses capitons dépourvus de toute élasticité, prouvaient la continuité de ses services depuis le début de la guerre. Il renfermait outre les quatre chirurgiens de l'ambulance, plusieurs officiers, dont l'un né dans le Châtillonnais, jeune, vigoureux, intelligent et d'humeur à ne pas s'ennuyer dans une prison cellulaire, possédait les qualités les plus avantageuses pour un militaire. Il nous raconta qu'il avait évité les rigueurs de la campagne, grâce à son industrieuse prévoyance, et nous en offrit la preuve en pouvant disposer d'aliments supplémentaires qui complétèrent notre insuffisant repas. Si le soldat en campagne, m'ont assuré des hommes compétents, manque souvent de vivres, c'est parce que recevant sa provision de plusieurs jours, il la consomme rapidement, ou en jette une partie pour s'alléger, et même la vend quelquefois avec l'espoir non réalisé de pouvoir la remplacer, ou pour en transformer le prix en boissons alcooliques.

Notre train s'arrêta à Nérondes et à la Guerche, mais sans émotionner, ainsi qu'au commencement de la guerre, les populations qui avaient cessé de voir dans les troupes des éléments de salut pour le pays. On n'apercevait çà et là au bord de la voie, que des individus offrant à vendre du pain, du vin et des fruits auxquels les soldats se montraient indifférents, sans doute parce qu'ils avaient épuisé l'argent de poche possédé au début de la campagne. Cependant ces provisions ne leur auraient pas été inutiles, car on ne leur avait distribué avant d'entrer en wagon que du pain et de la viande non cuite, et je me demandais comment en chemin de fer ils pourraient profiter de leur viande, à moins qu'ils ne se missent au régime médical de l'alcool et de la viande crue.

Le jour avait fui lorsque nous arrivâmes à la gare de Saincaise; et comme janvier n'est pas en nos climats, le mois des tièdes zéphyrs et des brises enbaumées, le froid nous devint très-désagréable dans un wagon de luxe, et je pensai tristement aux soldats entassés dans les wagons de troisième classe et dans ceux destinés au transport des marchandises. Après une longue station à Saincaise, où nous fûmes assourdis par les nombreux sifflets annonçant les manœuvres, nous vîmes avec plaisir le train s'engager sur la voie de Chagny, et nous nous enfonçâmes dans nos couvertures, mes compagnons pour y dormir, et moi pour y rêver.

Que faire en un *wagon,* à moins que l'on ne songe?

Donc je pensais à cette armée que nous avions suivie deux mois auparavant, en sens contraire, de Chagny à la Loire, et dans laquelle la France plaçait l'une de ses espérances de salut, malgré son armement insuffisant, l'équipement incomplet de ses nombreuses recrues, et leur ignorance des manœuvres militaires. Néanmoins, le courage lui avait suffi pour vaincre les Prussiens à Ladon, à Mézières et à Juranville; et il en eût été de même à Beaune-la-Rolande, si les munitions de guerre n'avaient pas manqué selon les uns, et suivant une autre version, si l'on n'avait pas reculé devant le bombardement d'une ville française, condition indispensable de la victoire. Puis cette armée avait battu en retraite pour ne pas être coupée par l'ennemi, et malgré le désir des troupes de faire face à l'ennemi, pour mourir en combattant, au lieu de s'épuiser par une retraite des plus pénibles.

Après cette campagne sans triomphe mais non sans gloire, après tant de sang versé et d'indicibles souffrances, cette armée épuisée, découragée et sourdement irritée, était dirigée vers l'Est pour y opérer, disait-on, une diversion. Partout en la voyant passer les cœurs se serraient, car les visages flétris et les corps affaissés des soldats traduisaient de profondes souffrances; et le désordre de l'équipement, ainsi que le mauvais état des armes ne permettaient pas de croire à la possibilité d'une longue résistance. Aussi, conçoit-on aisément qu'un général ait pu répondre : « Je « pourrais compter sur la victoire, si j'avais une « armée, mais je n'ai sous mes ordres qu'une « multitude. » Les soldats eux-mêmes manquaient de confiance dans les résultats de la lutte, et la plupart formaient des vœux pour la paix, mais n'osaient se prononcer ouvertement par un sentiment de patriotisme.

Malgré mon ignorance de toute tactique militaire, je ne pouvais m'empêcher d'admettre que l'armée allemande, à la poursuite de laquelle nos troupes n'avaient échappé qu'en faisant sauter le pont de Gien, n'ayant plus d'ennemi devant elle, ne manquerait pas de marcher au secours de Werder. J'ignorais alors qu'un étranger, que l'esprit de parti cherche à transformer en héros légendaire, et dont la bravoure incontestable est la seule qualité militaire, eût reçu de M. Gambetta la mission de couvrir l'armée de l'Est en s'opposant au passage de l'ennemi, et que Garibaldi avait choisi Dijon pour centre de ses opérations. On sait avec quelle négligence coupable et quelle déplorable impéritie a été rempli cet indispensable devoir, malgré les nombreux renseignements parvenus à l'état-major garibaldien sur le passage des Prussiens dirigés contre notre armée de l'Est. Aussi, a-t-on décerné au général qui a commis une faute si funeste à la France, et a fait preuve dans la Côte-d'Or d'une telle incapacité, l'apothéose d'un siége à l'assemblée nationale!

Ainsi, un général commet une faute impardonnable, et il en est récompensé par la confiance de ceux qui en ont le plus souffert! Je suis vraiment tenté d'en appeler au bon sens des tribus les moins civilisées. O peuple qui te crois le plus intelligent et le plus progressif de la terre, cesse d'écarter des fonctions publiques les supériorités intellectuelles et morales, pour les confier le plus souvent aux médiocrités, parfois aux indignes et aux pervers, qui te flattent et t'égarent, afin de se servir de toi comme du marchepied de leur ambition; n'imite pas ce paysan envieux et illettré, demandant à Aristide qui lui était inconnu, d'inscrire sur un coquillage l'arrêt de son ostracisme, parce qu'il était las de l'entendre appeler le Juste; et n'oublie pas le sort de la frivole Athènes, dont la décadence a fait place à la barbarie, et qui offre aujourd'hui à la curiosité de l'explorateur, en témoignage de ses discordes, de ses erreurs et de sa chute, les ruines de l'Acropolis et du Parthénon.

Nous entrâmes à Dijon le 8 janvier, avec l'intention d'en repartir le lendemain par la voie du chemin de fer, et nous laissâmes nos voitures et nos chevaux installés sur la voie, bien que les trains ne fussent plus dirigés sur Dôle, à cause de l'encombrement de sa gare. Mais ce provisoire devant bientôt cesser, nous nous décidâmes à attendre.

Les rues de Dijon avaient changé de population depuis notre départ; l'accent allemand avait été remplacé par l'italien; j'eusse beaucoup préféré n'y entendre que le français! Cette remarque s'imposait surtout aux abords de la préfecture, car c'était dans cette somptueuse demeure que l'ardent ami des classes pauvres et déshéritées s'était confortablement installé avec son état-major cosmopolite. Autour de l'hôtel et dans sa vaste cour circulaient un grand nombre d'individus, élégamment vêtus, ayant de belles armes, la plume à la toque, un manteau jeté négligemment sur l'épaule gauche, et des bottes molles. C'était notre argent qui avait été prodigué pour ces parades frivoles ! Ah ! je pensais alors à nos pauvres soldats français de la Loire devenus nos défenseurs de l'Est, mal armés, insuffisamment vêtus, et dont les pieds traversaient des chaussures prêtes à les abandonner ! Bien qu'on prétendît que ces étrangers étaient accourus pour nous défendre, ils déclaraient eux-mêmes n'être venus que pour favoriser l'établissement d'une république universelle. Leur présence que je croyais alors uniquement superflue, et qui a contribué à compléter nos désastres, en nous inspirant une confiance si peu justifiée par les événements, m'attristait et excitait mon indignation contre les membres du gouvernement, qui avaient provoqué ou accepté leurs services. Avions-nous besoin d'ajouter à notre défense quelques centaines d'étrangers, en nous exposant à la déconsidération de nos ennemis et même de toute l'Europe? Ce n'est pas le courage français qui défaillait, ce ne sont pas les soldats de la France qui faisaient défaut, mais leur organisation qu'on aurait dû améliorer à l'aide de cet argent follement dépensé à entretenir à grands frais des mercenaires.

Je demandais à quel corps appartenaient d'autres militaires non moins richement équipés, et l'on me répondit que c'étaient les guides de Garibaldi. Les guides de Garibaldi !!! Comment, ce fougueux ennemi de tout privilége, cet apôtre de l'*Egalité* avait sa garde spéciale, ainsi que les rois et les empereurs auxquels il a déclaré une guerre mortelle !

Bientôt arriva la nouvelle du combat de Villersexel où nos troupes avaient eu l'avantage les 8 et 9 janvier, et un télégramme que j'avais adressé à M. l'Intendant général en chef à Besançon recevait la réponse suivante : « Venez ici, « vous serez le bienvenu. » Nous partîmes donc le 11 janvier en prenant la voie de terre, puisque la circulation par le chemin de fer n'était pas rétablie, ce qui obligeait à retenir à la gare de Dijon des troupes attendues à l'armée de l'Est. En la rejoignant avec la certitude d'y être utiles, nous ne prévoyions pas les luttes sanglantes qui auraient lieu près de Dijon. D'ailleurs, nous étions informés que la troisième ambulance lyonnaise, accourue après la bataille de Nuits, en soignait encore les blessés avec une intelligence et un dévouement qu'on ne pouvait surpasser, et contribuerait à satisfaire aux besoins chirurgicaux qu'imposeraient de nouveaux combats. Cette prévision s'est réalisée, et la pensée que les blessés de Dijon ont été comblés de soins, nous a consolés de notre éloignement, et inspiré pour la troisième ambulance lyonnaise une gratitude, qui s'est traduite de ma part par l'établissement des relations les plus confraternelles avec M. Christôt, son digne chirurgien en chef.

Après avoir passé la nuit, les uns à Sampans, et les autres à Dôle, nous nous réunîmes dans la matinée du 9 à la gare de cette ville, pour y prendre un train à destination de Besançon. Il ne put admettre qu'une partie du personnel, et le reste fut obligé de remettre son départ au lendemain. Avant d'être compris dans celui qui emportait la troisième légion du Rhône, j'assistai péniblement à l'un de ces nombreux faits d'indiscipline, qui n'ont que trop prouvé combien les soldats montraient peu de respect pour les chefs qu'ils avaient eux-mêmes élus et improvisés. Quatre jeunes officiers voulant entrer dans un compartiment de wagon de 1re classe, y trouvèrent installé un soldat, et l'invitèrent à descendre, ce qu'il refusa sous le prétexte qu'il était préposé à la garde d'objets appartenant à un autre officier. Leurs injonctions répétées l'ayant enfin décidé à sortir du wagon, il s'établit à sa portière. Alors les officiers lui ayant réitéré l'ordre de s'éloigner, puisqu'ils se chargeaient de garder les objets, il refusa en disant insolemment : « *Est-ce que je me fie à vous?* » Apostrophe insolente à laquelle les officiers ne firent aucune réponse. L'impuissance des chefs me causa autant de tristesse que l'insulte de leur inférieur, et je trouvai dans l'une et l'autre la condamnation flagrante du mode d'élection des officiers par leurs soldats.

Arrivés à Besançon dans la soirée du 12, et ignorant la destination que M. l'Intendant général nous assignerait le lendemain, nous ne jugeâmes pas convenable de réclamer à la mairie des billets de logement, et comme les hôtels encombrés ne pouvaient recevoir toute notre escouade, bien qu'elle fût composée d'un petit nombre de membres, je me décidai à utiliser l'une des ressources que m'avait fait prévoir ma sollicitude pour l'ambulance.

J'avais à Besançon des relations amicales que j'étais certain de trouver constamment obligeantes, mais la responsabilité d'une ambulance qui m'était chère, me fit désirer en augmenter le nombre. Dans ce but, j'eus recours à l'un de mes amis dévoués, M. Chauvin, devenu conseiller à la cour d'appel de Dijon, après avoir été pendant dix ans procureur impérial à Besançon.

« — Pouvez-vous, lui dis-je, me donner le « nom de l'un de vos amis de Besançon, dont « la bienveillance soit telle que je pourrai y recou- « rir sans craindre, non-seulement de ne pas « réussir, mais encore d'être indiscret ou impor- « tun. »

« — J'ai votre affaire, me répondit-il immé- « diatement, je vous remettrai une lettre pour « mon ami Daclin, juge au tribunal civil de Be- « sançon. »

Le soir même de mon arrivée je portai cette lettre à son adresse, et fus reçu par M. le baron Daclin et Mesdemoiselles ses sœurs, comme l'eût été leur ami Chauvin. Ils voulurent bien m'offrir la jouissance, pendant mon séjour à Besançon, d'un petit pavillon où se trouvaient deux lits, en me priant de m'adjoindre à volonté l'un des membres de l'ambulance, ce que je m'empressai d'effectuer. Je n'eus pas le plaisir de jouir longtemps de cette aimable et si cordiale hospitalité, parce que le lendemain, je fus réclamé *impérieusement* par d'anciens amis, qui me reprochèrent de la façon la plus aimable, de ne pas m'être rendu chez eux à mon arrivée. Pour dissiper le regret qu'éprouvait M. Daclin de ne plus m'obliger, et obtenir moi-même un dédommagement, je le priai d'accepter un autre ambulancier, ce qu'il fit avec empressement.

Mme Huart, chez laquelle je transportai mes pénates, est la veuve d'un recteur de l'académie de Dijon, qui m'avait honoré de son amitié et de sa confiance. Son fils, substitut du procureur général à la cour de Besançon, et Mesdames ses filles, dont j'avais soigné l'enfance, rivalisèrent de bonté avec leur mère, et j'eus la satisfaction d'en faire étendre les témoignages sur d'autres membres de l'ambulance.

Afin d'épuiser rapidement ces détails que mon cœur impose à ma plume au souvenir de notre gratitude, je me bornerai à dire que nous n'oublierons jamais le bienveillant accueil des familles Huart et Daclin, après lesquelles je m'empresse de citer le collége catholique de Besançon, et plus spécialement M. l'abbé Besson, son très-distingué directeur.

Le lendemain eut lieu ma visite à M. l'Intendant général Friant, qui m'honora d'un accueil non moins flatteur que ses télégrammes, et m'engagea à conférer avec M. Gresle, intendant en chef des ambulances, sur la destination de celle de la Côte-d'Or. Ce dernier me complimenta sur les services qu'elle avait rendus à Bourges, et m'invita à lui adresser à la fin de la campagne, des demandes de récompenses pour le personnel, en ajoutant qu'elles seraient accueillies très-favorablement. M'ayant exprimé son désir de nous confier l'organisation, dans la caserne de cavalerie de Dôle, d'une vaste ambulance pour les blessés et malades de l'armée de l'Est, je le priai de vouloir bien nous diriger sur l'armée, où notre jeune personnel aspirait à rendre des services actifs et surtout chirurgicaux, après avoir été longuement attaché au service hospitalier de Bourges. Il m'exprima son regret de ne pouvoir m'accorder entièrement ma demande, parce que notre coopération lui semblait indispensable à Dôle, et m'autorisa à former deux escouades, dont l'une se rendrait à Dôle, tandis que la deuxième se dirigerait sur l'armée, où la première la rejoindrait après l'accomplissement de sa mission. Je portai cette proposition aux membres du personnel qui, pour ne pas se séparer, demandèrent à partir tous pour Dôle, et ensuite pour l'armée active. Dans l'espoir d'arriver plus rapidement à Dôle, nous nous rendîmes à la gare de Besançon, et nous eûmes à regretter de n'avoir pas choisi la voie de terre, car nos chevaux et nos voitures passèrent deux jours sur les trucs, avant de pouvoir être dirigés sur Dôle par la voie d'Arc-Senan.

En y arrivant le 17 janvier, je fus informé par M. l'Intendant militaire de cette ville, que notre mission ne pouvait être remplie parce qu'ayant reçu la nouvelle de la marche des Prussiens sur Dôle, il se hâtait d'évacuer les blessés et malades susceptibles d'être transportés. La nécessité de ne pas imposer cette locomotion surtout aux individus n'ayant pas assez de force pour la supporter, était rendue évidente, par la mort d'un sujet dans l'un des wagons du train des blessés et malades qui nous avait amenés. Cette fatale terminaison avait dû être déterminée par l'intensité du froid qui exerça également sur ma santé une pénible influence.

Atteint depuis plus d'un mois d'une laryngite dont je négligeai le traitement au spectacle des souffrances exagérées dont nous étions les témoins émus, j'étais arrivé à Dôle avec le paroxysme d'une fièvre qui me consumait depuis deux jours. Je fus donc obligé de m'aliter, et de remettre avec une entière confiance, à M. le docteur Guérard, le moins jeune de nos chirurgiens, la direction de l'ambulance, qui le lendemain retourna à Besançon par la voie de terre, après avoir contribué à l'évacuation des blessés et des malades de Dôle.

Ayant conquis, sous les auspices de la pratique médicale, plusieurs amis à Dôle, je n'hésitai pas à demander au plus ancien, directeur du comptoir départemental, l'hospitalité exceptionnelle nécessaire à un malade. M. et Mme Daubigné m'accueillirent avec un empressement fraternel qui se traduisit, durant tout mon séjour, par une sollicitude minutieuse et les attentions les plus délicates. Aussi, ma santé s'améliora rapidement, et j'entrai bientôt dans une convalescence que l'autorité allemande m'obligea à consolider, en m'imposant une prolongation de séjour.

Le surlendemain, au milieu du jour, la menace de l'arrivée des Prussiens suspendue sur la cité dôloise prit une fin soudaine ; le glas du tocsin et le rappel des tambours signalèrent l'approche de l'ennemi, et firent surgir, chez les individus les plus énergiques, le besoin de protester à coups de fusil contre l'occupation allemande, et d'exposer leur vie même pour ne sauver que l'honneur de la cité. Ce fut, comme à Dijon, une honorable et vaine protestation, qui n'eut pour résultat que la mort glorieuse de braves citoyens et l'exaspération des assaillants.

Je venais de me lever, et me sentant assez de force pour panser des blessés, je sortis en me dirigeant vers la porte de Besançon. Je trouvai sur la place du cours un peloton de gendarmes à cheval, et une centaine d'individus armés, parmi lesquels on distinguait quelques militaires de passage. Le petit nombre de ces hommes courageux ne doit pas étonner, puisque le départ des mobiles et des mobilisés avait éloigné de Dôle sa jeunesse célibataire. Apercevant à peu de distance une maison habitée par des personnes que j'affectionnais, je m'y rendis afin d'attendre les événements. Je venais de saluer la maîtresse de maison, lorsque retentit un coup de canon ; je me hâtai de descendre, et au moment où je franchissais la porte ouvrant sur la rue, le canon gronda de nouveau, et en même temps un boulet se logea en face de moi dans un mur intermédiaire à deux maisons. En tournant le coin de la voie pour regagner la place, j'aperçus le peloton de cavalerie s'engageant dans la rue de Besançon comme pour se diriger vers Auxonne, et les individus armés courant dans toutes les directions. Le combat ne semblant pas devoir s'engager, je regagnai le domicile de mes hôtes. A peine étais-je rentré que le bruit d'une fusillade peu nourrie devint très-distincte, en paraissant avoir pour point de départ une grande étendue de terrain, puis un morne silence succéda, et nous vîmes bientôt des soldats allemands passer sous nos fenêtres pour se diriger vers la gare du chemin de fer. Dôle à son tour subissait la domination de l'étranger !

Nous apprîmes bientôt, par l'un des combattants français, qu'en apercevant l'ennemi ils s'étaient dispersés, mais que les plus intrépides se réfugiant derrière les wagons ou les terrassements du chemin de fer, tirèrent dans la masse des Allemands et en abattirent un grand nombre. Malheureusement ce ne fut pas sans représailles, car plusieurs de ces braves répandirent pour la défense inutile et cependant glorieuse de la cité leur sang et même leur vie. Certes, lorsque de vaillants hommes, entraînés par un sentiment patriotique, font un tel sacrifice, ils ont droit à notre admiration et à nos regrets. Cependant il serait préférable de ne tenter aucune résistance, lorsque l'on prévoit d'une façon évidente son insuccès, car elle a pour résultat d'exaspérer le vainqueur et de provoquer sa réaction cruelle. C'est ce qui eut lieu à Dôle où les Prussiens entrant comme des furieux dans l'hôtel de la ville de Lyon, y massacrèrent plusieurs personnes désarmées, et dirigèrent dans la rue de Besançon une vive fusillade, qui atteignit à la tête un adolescent inoffensif, que plusieurs jours après, M. le docteur Lombard et moi trépanâmes avec succès. Je puis encore ajouter le pillage de plusieurs magasins et appartements, effectué par l'ennemi avec une impitoyable brutalité.

A la fin de cette funeste journée, mes hôtes furent obligés de loger un officier supérieur poméranien, accompagnant Manteuffel, général en chef de l'armée prussienne, et qui leur fut imposé comme convive par les nécessités de la guerre. Son âge variait entre cinquante et soixante ans; il parlait très-purement le français, était d'une exquise politesse, et parut comprendre et respecter les motifs de notre froideur glaciale.

La conversation ayant été amenée sur la direction des troupes allemandes, il ne dissimula pas qu'elles marchaient contre Bourbaki, qui, ajouta-t-il courtoisement, serait obligé, malgré son courage et celui de son armée, de capituler ou de se réfugier en Suisse.

— Mais, dis-je, vos troupes seront arrêtées par Garibaldi qui doit protéger les derrières de l'armée de l'Est.

— Par Garibaldi, répliqua-t-il, en souriant d'une façon ironique et dédaigneuse, vous avez la preuve qu'il ne nous empêche pas d'avancer, et il ne tardera pas lui-même à être écrasé ou à fuir.

La maison que j'habitais, étant située près l'avenue de la gare, sur la place de la Sous-Préfecture, et en face de celle où fut logé le commandant de place, me fournit l'occasion de faire d'intéressantes observations. Ainsi, le jour même de l'invasion ennemie, je vis passer des soldats chargés de vêtements et de comestibles de toutes sortes, provenant de nombreux wagons surpris au chemin de fer et destinés à l'armée de l'Est, tandis qu'elle subissait de si cruelles privations.

J'assistais, pour ainsi dire, à ses désastres; car je voyais chaque jour nos soldats prisonniers stationner devant le logement du commandant de place, avec des vêtements insuffisants et en désordre, et dans un tel état d'épuisement que plusieurs se couchaient sur le dos comme des mourants. Durant cette courte halte, des témoignages d'actives sympathies leur étaient prodigués par les habitants de Dôle. Les hommes étaient écartés à coups de crosse par les soldats prussiens, mais les femmes étant moins brutalement repoussées, forçaient la consigne, et se mêlaient aux captifs en leur distribuant du vin, du pain et du fromage sur lesquels ils se jetaient comme des affamés. J'admire encore une jeune femme déployant dans cette mission de patriotique bienfaisance, un zèle et une activité qui attiraient l'attention des soldats ennemis. Ils l'invitaient à s'éloigner, et n'osaient recourir à la violence, car elle leur en imposait et les fascinait avec sa taille cambrée et affermie comme pour résister à un choc, sa tête fièrement posée, ses narines dilatées par les sentiments divers qui l'agitaient, et sa physionomie qui semblait leur dire : « Non, « vous ne m'empêcherez pas de calmer la faim

« et la soif de nos pauvres soldats, mes compa-
« triotes, mes frères. » Elle était vraiment belle, et surtout de cette beauté surhumaine qu'imprime l'exaltation d'une vertu. Je demandai son nom, l'on me répondit qu'elle était femme d'un boulanger. C'était une plébéienne, mais elle avait la plus élevée des noblesses, celle du cœur. Je pensais alors à Raphaël qui n'eût pas manqué de faire revivre sur la toile cette autre et plus admirable *Fornarina*.

Les jacobins de la première République ont eu leurs tricoteuses et leurs furies de la guillotine, et les communeux viennent d'enfanter d'horribles pétroleuses; mais ce ne sont là que de monstrueuses et très-rares exceptions, issues de la politique dans laquelle la femme doit éviter de remplir un rôle actif sous peine de s'égarer, parce qu'elle se laisse entraîner par la passion et non par la raison. Qu'a-t-elle d'ailleurs besoin de l'émancipation politique? Elle remplit, dans les sociétés humaines, la mission la plus favorable à leur bonheur et à leur consolidation, puisqu'elle a pour destinée de se dévouer et d'accomplir la bienfaisance sous toutes ses formes. Si parfois, dans les calamités publiques elle se tient à l'écart ou semble indifférente, c'est qu'elle hésite et a besoin de trouver sa voie, ainsi que les colombes retenues captives loin de leurs nids et rendues à la liberté, qui s'élèvent dans les airs, y planent, consultent les horizons et, devinant leur route, s'y engagent à tire d'ailes.

Chaque matin j'assistais, devant le vitrage glacé de mes fenêtres, à une revue de compagnies allemandes rangées sur la place de la Sous-Préfecture. Je voyais reluire, comme si elles venaient d'être dérobées à l'étalage d'un armurier, leurs armes qui me faisaient horreur, car elles venaient de répandre le sang de nos défenseurs presque désarmés. Les sacs de voyage passés en revue avec détail, étaient aussi garnis qu'au début de la campagne, et tous contenaient une paire de souliers de rechange, tandis que notre armée manquait de chaussures sur les routes neigeuses et glacées. Leurs provisions de cartouches en réserve me rappelaient tristement que parfois nos places fortes avaient ouvert leurs portes et nos soldats reculé devant l'ennemi, parce que les munitions de guerre leur faisaient défaut. Cette revue était passée par un officier, dont chaque commandement bref et rauque, ressemblant au craquement d'un ressort, faisait mouvoir tous ces soldats avec une précision mathématique comme les pièces d'une mécanique. Lorsque l'officier passait lentement devant eux avec sa physionomie rogue et sévère, leurs visages exprimaient l'humilité, la crainte et presque la terreur, comme ceux de captifs qui veulent conjurer un arrêt redoutable. Telle est la discipline allemande réduisant l'homme à l'état de machine et le dépouillant de sa dignité.

C'était là le vainqueur; eh bien! je préférais appartenir au parti des vaincus, malgré ses fautes, ses défaites et son abaissement; parce qu'il a conservé la générosité du caractère, le sentiment de l'honneur et de la liberté humaine, qu'il se retrempera, *avec l'aide de Dieu,* dans l'adversité qui l'incline sans l'abattre, et se régénérera pour ne pas sombrer.

Mais je m'arrête, car, *à propos d'ambulance,* je me laisse entraîner à des hors-d'œuvre étrangers à mon sujet, et qui renferment néanmoins d'utiles enseignements.

La nouvelle de l'armistice convenu le 28 janvier ne tarda pas à parvenir à Dôle, qui put respirer un peu en soulevant le manteau d'oppression qui l'étouffait, et obtenir des renseignements sur la situation de la France, et même de l'armée de l'Est, car elle recevait sur elle les nouvelles les plus contradictoires.

Ma santé étant rétablie, je cherchai les moyens de m'éloigner pour rejoindre l'ambulance de la Côte-d'Or, mais vaine était toute démarche, parce que la circulation sur le chemin de fer avait cessé, et que les Prussiens s'étaient emparés de tous les chevaux de Dôle. Décidé à laisser mes bagages et à partir à pied, je me présentai à la *Commandantur*, qui malgré l'armistice me renvoya au lendemain. Ce retard me fut avantageux, parce qu'ayant été informé de l'apparition à Dôle de M. de Truchy, qui devait se faire reconduire à sa campagne de Varennes (Saône-et-Loire), j'obtins de son obligeance une place dans sa voiture, et du commandant prussien un permis de circuler que je dus à la bienveillante intervention de M. le comte de Wal.

En attendant à l'hôtel de Truchy le moment du départ, j'eus lieu d'y constater les dégâts commis par les Allemands le jour de leur arrivée. Bien que le domestique préposé à la garde de l'habitation en l'absence des propriétaires, en eût ouvert spontanément les portes, ils brisèrent tous les objets fragiles, firent voler les glaces en éclats, et se livrèrent au pillage dans lequel furent naturellement comprises les pendules recherchées par ces vandales de notre époque ; mais ils dédaignèrent les bronzes dont ils ne concevaient pas la valeur artistique. Le sol était couvert des débris de leurs méfaits, et on y trouvait même le broc déformé et bosselé qui avait servi à briser les glaces. Averti de cette dévastation, un magistrat, M. Cattan se hâta de la signaler à leurs officiers en les priant d'y mettre fin ;

mais ils refusèrent en prétextant que c'étaient les droits et les conséquences de la guerre.

Bien que la direction prise par M. de Truchy eût pour résultat de me faire regagner Dijon et non Besançon, j'en éprouvai plus de satisfaction que de contrariété, parce que j'étais autorisé à croire que l'ambulance s'était éloignée de cette dernière ville. Il ne me semblait pas douteux qu'ayant profité de la promesse qui m'avait été faite par l'intendant militaire de lui laisser la liberté de rejoindre nos combattants, elle les avait accompagnés dans leur désastre, en soignait les débris en Suisse ou près de sa frontière, et avait envoyé de ses nouvelles au comité de Dijon. Aussi, dès mon arrivée dans cette ville, je me présentai dans les bureaux du comité de secours aux blessé, où j'eus le regret d'apprendre que l'on ignorait le sort des membres de l'ambulance. Le résultat fut le même auprès de leurs parents et de leurs amis.

Je trouvai Dijon en proie à une vive émotion, causée par une lettre adressée aux autorités de cette ville, dans laquelle on les avertissait que Sa Majesté l'Empereur d'Allemagne et roi de Prusse, *avait daigné ordonner*, que chaque habitant des départements accupés par les troupes allemandes serait tenu de payer une capitation de vingt francs........., et qu'en cas de refus, on aurait recours à toutes les mesures de rigueur. Cette lettre était signée par le général Zastrow, l'exécuteur le plus impitoyable des ordres arbitraires de l'autorité allemande.

Ainsi, au moment où la paix, regardée comme certaine, allait dégager la France sanglante et ravagée des serres de ces voraces oiseaux de proie, ils cherchaient à la dépouiller et à ne lui laisser que la vie. L'indignation était grande, et l'on se montrait disposé à résister aux exigences du vainqueur, dût-on subir le pillage par lequel l'implacable Zastrow traduirait probablement ses menaces. En conséquence, *je fis mes adieux à mes pendules*, avant de m'éloigner pour aller à la recherche de l'ambulance en me dirigeant vers la Suisse.

A Beaune où je m'arrêtai pour me renseigner auprès de M. le docteur Affre, je reçus avec étonnement et plaisir la nouvelle qu'après ses pérégrinations à Dôle, suivies d'une autre à Arc-Senan, l'ambulance était rentrée à Besançon, où l'intendant militaire lui avait confié un important service médico-chirurgical, dans les baraques du lycée.

Je me dirigeai en toute hâte vers Besançon en traversant les départements de Saône-et-Loire et du Jura, et les villes de Tournus, Louhans, Lons-le-Saunier, etc. A Poligny, l'agitation était grande, parce que les Prussiens avaient emprisonné les notables de cette ville pour obtenir le paiement de la capitation dont j'ai déjà parlé. Le jour de mon passage à Arbois, cette ville était en proie à une émotion d'une autre nature ; on y purifiait un autel que les Prussiens avaient souillé par une atrocité sanglante et barbare. Lors du passage à Arbois d'une partie de nos soldats faits prisonniers à Sombacour, ces malheureux furent entassés dans l'église, d'où quelques-uns parvinrent à s'échapper par une fenêtre. Mais l'un de ceux qui tentèrent cette périlleuse évasion, fut aperçu par la sentinelle allemande qui tira sur lui et l'atteignit mortellement. L'infortuné fut relevé par des soldats ennemis, et déposé par eux sur l'autel qu'il couvrit de son sang, durant une longue agonie sur laquelle ses bourreaux avaient compté pour intimider les prisonniers, et prévenir de nouvelles tentatives d'évasion.

Après avoir traversé le Jura complétement occupé par les Allemands, j'arrivai à Quingey, où j'eus la preuve du complet épuisement qui résultait de la présence et des incessantes réquisitions des troupes ennemies, puisqu'un médecin d'Arbois qui avait eu l'obligeance de me conduire dans sa voiture jusqu'à ce village, où sa pratique médicale le faisait parfois appeler, ne put y obtenir pour son cheval, ni fourrage ni avoine, et qu'il nous fut impossible de nous procurer de la nourriture. Après le départ de mon confrère, m'étant présenté dans ce but chez une dame à laquelle je n'étais pas inconnu, parce que plusieurs membres de sa famille m'avaient demandé des conseils à Dijon, j'éprouvai le même refus, car elle n'avait que les aliments indispensables pour la journée. Aussi, lorsque j'aperçus, au-delà de Changey, un long tumulus qui indiquait le lieu où avaient été enterrés les morts allemands après leur récent échec, je ne pus me défendre d'un sentiment de vengeance. Ah ! me disais-je, ils ont dévasté et affamé nos campagnes, pillé leurs chaumières, saccagé nos villes, incendié nos habitations, répandu le sang de nos soldats, et épuisé nos trésors, mais ils nous ont laissé leurs ossements en gage.

Lorsque j'eus rejoint à Besançon nos chers ambulanciers, M. le docteur Guérard m'ayant fait connaître les missions qui leur avaient été confiées, je le priai d'en rédiger un résumé auquel je m'empresse d'offrir une place complémentaire dans mon récit.

« Le 18 janvier, notre chirurgien en chef, M. Dugast, qui, malgré une santé chancelante, avait jusqu'alors supporté courageusement les fatigues de la campagne, fut obligé de s'aliter à

Dôle pour une affection des voies respiratoires, et me confia la direction de l'ambulance.

« Le 19, l'ambulance entrait pour la seconde fois à Besançon. Après une longue conférence avec M. l'Intendant général, et malgré nos instances de nous diriger vers Montbéliard ou Villersexel, nous dûmes rétrograder encore ; le village d'Arc-Senan nous fut désigné. Le 20 au matin, nous étions rendus à notre poste, mais nous trouvions installée une section de la troisième ambulance lyonnaise qui assurait déjà le service. M. le docteur Rosier partit de suite prévenir M. l'Intendant, et le 21 l'ambulance entrait pour la troisième fois à Besançon.

« Ainsi, ce n'est qu'après une série de marches et contre-marches de Besançon à Dôle, de Dôle à Besançon, de cette ville à Arc-Senan, de celle-ci à Besançon, que notre ambulance s'installait enfin à cette dernière étape qui lui avait coûté dix jours de fatigues inutiles, alors que le canon grondait à vingt lieues de là !

« Le 20 janvier, M. l'Intendant nous priait de détacher deux membres de notre ambulance pour une mission à Dambelin. M. le docteur Bourée et M. Carré, aide-major, s'offrirent spontanément. D'après la dépêche d'un général, il y avait dans ce village des blessés à soigner et à ramener à Besançon. Le 20 au soir, après avoir fait seize kilomètres par les chemins les plus difficiles, nos deux amis arrivaient à la nuit close à quinze cents mètres du but de leur voyage, à Manbouhans où ils passèrent la nuit. Le lendemain matin, ils étaient à Dambelin. Le maire qu'ils allèrent trouver leur apprit qu'il n'y avait dans sa commune ni blessés ni malades et qu'il n'en attendait pas. Les infirmiers, le fourgon d'ambulance qui devaient se trouver là, n'existaient pas plus que les blessés. MM. Bourée et Carré reprennent alors le chemin d'Arc-Senan où ils nous croyaient installés ; ils s'arrêtent à Clerval où ils trouvent M. Riembault, directeur de l'ambulance de Saint-Etienne, qui leur fit un très-cordial accueil, et mit à leur disposition tous les moyens possibles de transport. Après une nuit passée dans un wagon à bestiaux et voyant que le départ ne se faisait pas, nos ambulanciers prennent à pied le chemin de Baume-les-Dames où ils arrivent à trois heures du soir, et enfin le lendemain à sept heures, à Arc-Senan que nous avions dû quitter pour les motifs exposés plus haut ; ils reprennent alors, pour nous rejoindre à Besançon, un train qui fut attaqué par les Prussiens ; le soir même, nous étions heureux de retrouver nos amis sains et saufs mais exténués de fatigue, ayant accompli leur mission pénible et non exempte de dangers.

« Notre lieu d'installation est enfin fixé à Besançon, providentiellement pour nos troupes ; car dans une des cours du lycée, à l'exposition du midi, avaient été dressées, pour les recevoir, douze baraques présentant des conditions suffisantes au point de vue de la salubrité et de l'hygiène. Chacune de ces baraques pouvait contenir en moyenne quatre-vingts malades, mais malheureusement nous fûmes obligés d'en placer un plus grand nombre. Deux baraques supplémentaires servaient, l'une de cuisine, l'autre de tisannerie. Une des salles du lycée mise à notre disposition par M. le Proviseur fut destinée à devenir la pharmacie et la salle de garde.

« Ainsi était composée l'ambulance n° 2 du lycée.

« Monsieur Bernard, officier principal d'administration, que nous avions eu le plaisir de retrouver à Besançon, procédait à l'organisation intérieure, quand nous reçûmes un convoi inattendu de mille hommes environ. On dut se contenter d'étendre sur les lits de camp une légère couche de paille que l'on se procura encore à grand'peine.

L'encombrement résultant d'aussi nombreux malades, le manque complet de literie devaient certainement modifier les conditions hygiéniques, aussi nos craintes étaient grandes pour l'avenir ;

heureusement elles ne se sont pas réalisées, ainsi que nous le verrons plus loin.

« Trois cents malades confiés à nos soins furent en même temps placés au collége catholique qui, non prévenu de leur arrivée, n'avait pu se préparer à les recevoir ; aussi nos malheureux soldats furent couchés sur de la paille, et le plus grand nombre sur le plancher. Triste spectacle bien fait pour émouvoir les cœurs même les plus endurcis, et cependant nous avons trouvé une âme qui ne s'est pas laissé toucher par une aussi grande misère.

« Manquant absolument de tout, même de paille, ne pouvant rien nous procurer, nous fîmes un appel pressant aux ambulances de la ville ; à cet effet, nous allâmes trouver M. *** chargé de la direction de ces ambulances. Disons de suite que nous n'avons point trouvé l'accueil que nous étions en droit d'espérer. Les ambulances de la ville sont faites pour des blessés et non pour des fiévreux, telle fut la réponse que nous eûmes le regret d'entendre ; et en attendant ces blessés qui n'arrivaient pas, des lits restaient vacants pendant que de pauvres fiévreux succombaient sur la paille. M. *** a refusé de recevoir dans ses ambulances des malades atteints de fièvre typhoïde, dyssenterie, etc., il est vrai de dire aussi que de notre côté nous avons refusé de lui envoyer des malades ayant des congélations plus ou moins profondes des orteils ; ces derniers, il les admettait bien dans ses salles. Nous avons refusé, oui, car nous aurions considéré un pareil acte comme une faute : tous les hommes fiévreux ou blessés ayant également droit à nos soins, mais dans le cas actuel, les premiers réclamant des conditions hygiéniques qui n'étaient pas aussi indispensables aux seconds.

« C'est avec regret que nous parlons de ces faits, mais nous avons cru de notre devoir de les rappeler. Pourquoi n'avoir pas mis à la tête de ces ambulances un homme ayant fait des études spéciales, un médecin ? Nous n'attaquons en rien le dévouement de M. ***, mais qu'il nous permette de lui dire que comme organisateur au point de vue médical, il n'a pas été à la hauteur de sa mission.

« Ne devant compter désormais que sur les faibles ressources dont nous pouvions disposer, nous faisons tous nos efforts pour adoucir les souffrances autant morales que physiques de nos malades. A chaque visite, combien de ces malheureux en proie à une fièvre intense nous ont-ils demandé à être *couchés dans des lits;* nous leur donnions des paroles d'espérance, les encourageant, leur annonçant que des infirmeries se préparaient, et que bientôt leur désir serait accompli. La plupart d'entre eux, atteints de fièvre typhoïde, pneumonie, rhumatisme articulaire aigu, etc., ont parcouru les phases de leurs affections, étendus sur une mince couche de paille, sans quitter leurs vêtements le plus souvent déchirés.

« Quinze jours environ après l'arrivée des malades, nous eûmes une centaine de paillasses que l'on remplit avec du foin; elles furent partagées entre ceux qui étaient le plus gravement atteints. Nous eûmes en même temps quelques draps et des couvertures, de sorte qu'il fut enfin possible d'improviser ces lits tant désirés; mais malheureusement le nombre en était trop restreint. Des peaux de moutons nous arrivèrent en dernier lieu, mais un peu trop tard pour être utilisées, car, à ce moment, tous les hommes pouvant être transportés avaient été évacués.

« Tous ces objets de literie nous avaient été fournis par les soins de l'intendance. La charité privée nous vint aussi un peu en aide : des dons de chemises, chaussettes de laine, tricots, caleçons furent accueillis avec la plus grande reconnaissance; une somme de cent francs nous fut donnée, qui servit à l'achat de vêtements indispensables.

« Une remarque à cet égard : le nombre des dons eût été certainement plus considérable, si nous eussions donné l'autorisation de pénétrer dans nos baraques aux personnes qui se présentaient et de faire elles-mêmes leurs largesses; mais les inconvénients résultant d'un tel état de choses, que nous avions observés dans d'autres circonstances, ne nous ont pas fait hésiter un seul instant : l'entrée des baraques a été interdite à tous étrangers. Nous acceptions les dons, mais nous laissions aux médecins le soin d'en faire eux-mêmes la distribution.

« Une de nos préoccupations était d'établir une infirmerie qui fût la succursale de notre ambulance. M. l'Intendant nous seconda et, grâce à lui, trois salles de l'hospice de Bellevaux furent mises à notre disposition. Soixante lits y furent installés par M. le Directeur de cet établissement. Nous nous faisons un devoir de rendre un hommage public de notre reconnaissance à M. le Directeur, ainsi qu'aux sœurs, pour l'activité déployée dans cette nouvelle organisation, qui fut complète en quelques jours. Nous procédâmes ensuite au transport de nos plus malades. Ce n'est pas sans émotion qu'on se rappelle les physionomies de ces malheureux entrant dans ces salles bien chauffées et voyant qu'ils allaient enfin *coucher dans des lits;* ils n'ignoraient pas les difficultés que nous avions éprouvées pour arriver à ce résultat. aussi ne savaient-ils comment nous prouver leur gratitude; leur joie n'avait d'égale que la nôtre; c'était la meilleure récompense qui nous puisse être donnée.

« — Vous ne nous apportez que des mourants, « nous disait M. le Directeur, ces hommes n'ont « plus que quelques heures de vie. » — On pouvait en effet penser ainsi en voyant ces figures pâles, ravagées par la douleur, par la fièvre, ces corps brisés par la fatigue et les privations. Quoique bien rapprochés encore, ils étaient déjà loin ces jours où ces mêmes hommes pleins de vie marchaient bravement à l'ennemi. Mais l'espoir renaît vite, le découragement allait faire place à la joie; plus d'un qui n'espérait jamais revoir son pays pleurait en pensant à sa mère. S'il en est quelques-uns qui ne purent lutter contre la mort, beaucoup ne durent leur salut qu'aux nouvelles conditions hygiéniques et morales dans lesquelles ils furent placés à l'hospice de Bellevaux.

« On doit se demander comment dans une ville comme Besançon, si proche du théâtre de la guerre, de grands préparatifs n'avaient pas été faits pour recevoir malades et blessés? La voie ferrée était encombrée par le matériel qui avait servi au transport des troupes; la marche de l'ennemi sur Dôle avait fait hâter le départ de trains qui, ne pouvant être envoyés à Besançon, furent dirigés sur Salins, Bourg ; c'est ainsi que nous manquâmes d'objets indispensables de literie. Bientôt après, nous fûmes cernés dans Besançon et toute communication avec les pays voisins nous fut interdite.

« Nous devons toutefois des remerciements à M. l'Intendant pour les secours de toutes natures qu'il nous procura, et sans lesquels la position de nos malades eût été intolérable.

« Le nombre de soldats soignés à l'ambulance numéro 2 du lycée est de 1,700. Les affections chirurgicales y figurent en très-petit nombre. Les congélations des extrémités des membres inférieurs furent très-nombreuses : nous en comptons 550 environ. Une remarque générale à faire à cet égard : les congélations plus fréquentes que pendant la campagne de la Loire étaient moins profondes. Les pansements par occlusion avec de l'ouate recouverte de taffetas et répétés tous les quatre ou cinq jours, nous rendirent de grands services. Nous n'avions recours à la chaleur humide que quand le travail d'élimination commençait à se faire. Un soldat atteint de congélation du pied gauche, chez lequel l'amputation fut jugée nécessaire par suite de sphacèle, fut laissé en voie de guérison, malgré une pneumonie intercurrente.

« L'opération fut pratiquée par M. le docteur

Bourée. Deux autres malades présentant des congélations superficielles des orteils, succombèrent rapidement à des accidents tétaniques.

« Chez tous ces malades, il existait un œdème plus ou moins considérable des membres inférieurs ; le repos le fit bientôt disparaître.

« Les autres affections furent par ordre de fréquence, fièvre typhoïde, pneumonie, pleurésie, bronchite, rhumatisme articulaire aigu, dissenterie, diarrhée, anémie, fatigue extrême.

« Nous avons remarqué chez beaucoup de malades une grande tendance à la tuberculisation, surtout chez les convalescents de fièvre typhoïde, de pleurésie et de pneumonie. Il nous a été permis d'observer depuis dans les hôpitaux un assez grand nombre de phthisiques qui n'avaient présenté avant la campagne aucun des symptômes de cette affection.

« Malgré l'encombrement de nos baraques, la mortalité fut relativement très-faible ; nous comptons quarante-trois morts. Un froid excessif avait régné jusqu'alors à Besançon ; la température étant devenue plus douce, le dégel survint, les conditions hygiéniques changèrent subitement ; tous nos malades (nous faisons surtout allusion ici à ceux qui étaient fatigués, anémiés et à ceux atteints de congélation) eurent de la fièvre, une langue saburrale, etc. Ces symptômes s'aggravèrent et nous firent craindre une épidémie de fièvre typhoïde ; nous fîmes part de cet état à M. l'Intendant qui, sur notre demande, nous promit l'évacuation des malades dans le cas où l'épidémie deviendrait plus menaçante. C'est ainsi que nous eûmes trois salles à l'hospice de Bellevaux. Heureusement, sous l'influence d'un changement de température, l'état général s'améliora et bientôt toutes nos craintes furent dissipées.

« Les malades furent évacués des baraques à mesure qu'ils purent supporter facilement les fatigues du déplacement. Nous n'eûmes plus que le service de Bellevaux que nous conservâmes jusqu'au moment de notre départ.

« Notre chirurgien en chef venait nous rejoindre le 15 février et reprenait la direction de l'ambulance qu'il avait dû momentanément quitter. »

Je trouvai les membres de l'ambulance aux prises avec un malaise moral et corporel déterminé par plusieurs causes : la contrariété de n'avoir pas obtenu l'autorisation d'être associés aux mouvements de l'armée et à ses périls, le service très-fatigant des baraques du lycée, l'absence prolongée des nouvelles de leurs familles, et certainement le découragement qu'entretenaient dans leurs cœurs éminemment français, des revers incessants qui faisaient prévoir une catastrophe.

A tous les cœurs bien nés, que la Patrie est chère.

Le silence et la tristesse avaient succédé aux conversations bruyantes et aux joyeux lazzis qui animaient autrefois leurs réunions ; les ardents controversistes Rozier, Chanlon et Petit gardaient un morne silence ; et M. Bourée, toujours spirituel et parfois loustic, avait laissé tarir la source des calembours désopilants qui ont si fréquemment égayé l'ambulance, et démontré qu'ils n'étaient pas l'esprit des sots. A cet état nostalgique, à ce spleen, nuancé d'impatience et presque d'irritation, se joignait l'altération de la santé de plusieurs de nos ambulanciers ; nos trois chirurgiens offraient une inflammation des voies respiratoires, devenue chronique, et cette affection se compliquait chez notre jeune sous-aide major Affre, d'une aphonie des plus caractérisées. Nous l'aimions tous à cause de ses aimables qualités ; le surnom de *Benjamin* que je lui avais donné dans un moment de joyeuse expansion au début de notre campagne, avait été accepté par tous ses camarades qui lui vouaient une affection égale à celle des fils de Jacob pour leur plus jeune frère. Notre aide-major Carré renfermait à l'état latent les germes d'une grave maladie qui fit explosion peu de jours après sa rentrée dans sa famille. Enfin, Marlot, l'un de nos cochers, entrait en convalescence d'une pneumonie.

Inquiet de cette situation, je crus urgent de recourir au remède le plus efficace, et fis visite à M. l'Intendant militaire pour obtenir l'autorisation de ramener l'ambulance à Dijon, puisque nos chirurgiens pouvaient être suppléés à Bellevaux, et que la guerre semblait terminée. Ce fonctionnaire me répondit qu'il ne s'opposait pas à notre départ, mais le regrettait, parce que si la paix ne succédait pas à l'armistice, Besançon aurait certainement à supporter un siége, pendant lequel nos services seraient indispensables. Alors je m'empressai de retirer ma demande, bien persuadé que l'ambulance avait à cœur d'épuiser sa mission. Mon inquiétude sur la santé de notre *Benjamin* me détermina à lui chercher un asile, dans une famille où il pourrait être soigné avec sollicitude, et pour atteindre ce but, je pensai à M. le docteur Coutenot, dont la générosité de caractère m'était connue. Cet honorable confrère me remercia de lui avoir donné la préférence, et me promit de voir un fils dans notre jeune sous-aide. Ce résultat me réjouit doublement, car non-seulement il assurait la guérison de notre cher malade, mais il contribuait à multiplier sous les yeux de l'ambulance ces exemples de bonté, de sympathie, de dévouement qui disposent les cœurs à une noble imitation, surtout à l'entrée dans la vie, tandis que le spectacle de l'égoïsme a pour conséquence de le dessécher et de l'endurcir. Je venais de porter cette heureuse nouvelle à M. Affre, èt de lui faire partager ma joie, lorsqu'il en éprouva une plus vive, causée par l'arrivée de son père. Celui-ci, informé de l'état morbide de son enfant, s'était empressé d'obtenir un permis de circulation pour ramener et soigner sous ses yeux un si cher malade, qu'il nous enleva le lendemain, et dont nous apprîmes avec joie la guérison obtenue avec lenteur.

L'avis officiel de la signature des préliminaires de paix étant arrivé à Besançon, et aucun devoir ne nous retenant dans cette ville, nous obtînmes de M. l'Intendant militaire une autorisation de départ, et le 1er mars, nous nous dirigeâmes par Dôle sur Dijon.

Bien que dès l'entrée en campagne de l'ambulance, la faiblesse et l'insuffisance de notre organisation militaire m'aient démontré que la France succomberait dans sa lutte si elle était réduite à ses propres forces; la certitude de sa défaite me causait une douloureuse surprise, comme si j'eusse espéré contre toute espérance.

Il était facile de prévoir, qu'étant à la merci d'un vainqueur qui avait, pendant soixante ans, accumulé ses projets de vengeance, nous allions subir des conditions écrasantes. Pourquoi n'avions-nous pas traité immédiatement après notre désastre de Sedan? C'est que des hommes s'étaient levés pour s'emparer du pouvoir qu'ils n'avaient sapé que pour en devenir les possesseurs, et préférant le triomphe d'un principe à celui de la France, avaient placé celle-ci dans la nécessité de continuer une lutte à outrance. Cependant ces dominateurs qui continuèrent à s'imposer à un pays que d'incessantes défaites contraignaient à désirer la paix, étaient des avocats et des rhéteurs, entièrement ignorants des besoins de la guerre, et incapables d'y pourvoir. Ils ne pouvaient d'ailleurs ignorer qu'ils avaient eux-mêmes contribué à désarmer la France, et que leur condamnation était inscrite dans les patriotiques harangues de Démosthène qui devaient leur être familières, et dont je vais citer quelques extraits à l'appui de mon assertion :

« Depuis longtemps, Athéniens (lisez : *Fran-*
« *çais*), plusieurs de vos ministres vous ont dres-
« sés à vous montrer redoutables et ombrageux
« dans l'Assemblée nationale, mous et mépri-
« sables dans vos armements. C'est le contraire
« qu'ils auraient dû vous apprendre. Mais, grâce

« aux serviles complaisances de ces démagogues, « l'habitude d'être adulés fait que nous n'avons « plus d'oreilles que pour leur doucereux lan- « gage.....

« Non, vous ne ferez jamais rien à propos « avec des milices levées à la hâte. Il faut former « une armée régulière, l'entretenir, lui donner « des intendants, pourvoir à la garde la plus « exacte de la caisse militaire, demander compte « aux administrations de l'emploi des fonds.....

« On a renversé, Athéniens, les maximes fon- « damentales que vos pères vous avaient lais- « sées. Certains politiques vous ont persuadé, « qu'être à la tête des Hellènes, entretenir une « armée prête à secourir tous les opprimés, était « une dépense inutile et superflue ; et que vivre « dans le repos, ne s'acquitter d'aucun devoir, « tout abandonner successivement, laisser le « champ libre aux usurpateurs, était un bonheur « merveilleux. Qu'est-il arrivé ? Un autre est « monté au rang que vous devriez occuper : il est « heureux, il est puissant, il a étendu son empire ; « et cela ne doit pas surprendre. »

Ces orateurs et ces écrivains n'ont que trop prouvé leur inexpérience et leur aveuglement, et ceux d'entre eux qui avaient le cœur élevé ont versé sur leurs fautes et leurs erreurs, dont les conséquences ont été si funestes, des larmes qui les honorent et les absolvent, tandis que les autres semblent indifférents aux malheurs de la patrie. Que dis-je! L'un d'eux agit de façon à les pousser à leurs dernières limites, en entretenant l'agitation dans le pays, et en égarant par ses discours révolutionnaires une multitude ignorante et avide de changements.

Bien que je ne prenne à la politique que la part à laquelle est tenu tout citoyen qui regarde comme un devoir de voter d'une façon éclairée, M. Gambetta me fait éprouver un éloignement qui a pris naissance et s'est développé au spectacle de l'état lamentable de nos malheureux soldats, que ses décrets n'ont envoyés qu'à la mort et à la souffrance, et non à la victoire et au salut du pays.

Médecin et chirurgien de nos pauvres soldats, témoin de leurs fatigues, de leur détresse, de leurs douleurs et de leur mort, j'ai constaté que la faim, le froid et l'épuisement, conséquences de l'ineptie et de l'imprévoyance, ont fait parmi eux plus de victimes que les projectiles de guerre qui seuls devaient leur être redoutables ; j'ai donc le droit de réclamer contre ceux qui ont abusé de la sensibilité et de la vie de nos défenseurs, et n'ont pas été à la hauteur de la mission qu'ils s'étaient attribuée, et je trouve sur ma route

M. Gambetta dont la responsabilité est d'ailleurs la plus considérable.

On ne l'a vu assister à aucun des combats de la première armée de la Loire, et cependant il avait des modèles parmi les républicains et les orateurs d'autres époques : César marchait dans les Gaules à la tête des légions ; Brutus et Cassius ne se donnèrent la mort qu'après avoir vaillamment combattu à la bataille de Philippe ; Cicéron, ce franc adversaire des démagogues, qui ne s'appuyait pas sur leurs suffrages pour arriver au pouvoir, a combattu et vaincu les Parthes. Mais il n'est pas besoin de remonter à une époque aussi éloignée ; notre première République envoyait aux armées des proconsuls pour encourager les troupes, contrôler leurs chefs, et les dépouiller du commandement s'ils se montraient incapables. Je ne crois pas que M. Gambetta, en nommant ou révoquant des généraux, ait eu directement recours à ce moyen de contrôle.

A défaut de participation à nos combats, il aurait pu apprécier, en se mêlant à nos retraites désordonnées, le défaut d'organisation et toutes les conditions d'épuisement qui préludaient à nos défaites ; il eût alors admis avec tous les gens sensés l'inanité de la résistance, n'aurait pas prolongé nos souffrances, et en évitant de nous mettre à la discrétion de l'ennemi, nous eût fait obtenir la paix à des conditions moins accablantes.

Puisque M. le Ministre de la guerre et de l'intérieur n'assistait ni à nos combats ni à nos retraites, il pouvait du moins constater le nombre de leurs victimes en faisant visite à nos ambulances. Ce que je puis affirmer, c'est qu'à Bourges, il ne s'est pas présenté à celle de Saint-Célestin qui était la plus considérable, à moins qu'il n'y soit venu avec l'anneau de Gygès. J'en ai fait tristement la réflexion, en me souvenant d'un ennemi, du général de Werder, que j'avais vu à Gray visitant ses blessés, quatre heures après sa rentrée dans cette ville. Et cependant M. Gambetta était à Bourges en même temps que notre ambulance, puisqu'on l'a rencontré à l'hôtel de Jacques Cœur et à la cathédrale. Je suis loin de lui faire un crime de ses promenades artistiques, car les monuments fournissent des enseignements précieux : ainsi, l'hôtel de Jacques Cœur lui a rappelé cet argentier qui, loin de dissiper les trésors de la France, fournissait à Charles VII l'argent nécessaire pour la reconquérir. La gigantesque cathédrale aurait dû lui prouver, que le sentiment religieux qui provoqua de tels efforts, a des droits inviolables à son admiration et à son respect; et que sa libre pensée l'égare lorsque dans ses discours il accuse la religion et lui reproche d'amollir, d'énerver, de *débiliter* et de rendre incapable de dévouement. Mais qu'avait-il besoin du témoignage silencieux d'un monument? lui qui pouvait constater chaque jour, avec quel courage se dévouaient et mouraient, dans cette guerre, ceux qui associaient dans leurs cœurs l'amour de Dieu et l'amour de la patrie. Je pourrais ajouter, que ces chrétiens héroïques lui auraient montré, comment ils se *résignaient* à supporter la faim et le froid en pardonnant à l'auteur de leurs souffrances, si j'attachais de l'importance à de menus propos sur des repas de Lucullus et de riches fourrures. D'ailleurs, je ne pense pas qu'un ministre de la guerre soit condamné à se nourrir du brouet spartiate, ni un ministre de l'intérieur à s'affubler du manteau de Diogène aux trous indiscrets.

Ainsi que je l'ai déjà prouvé, j'ai à déplorer des torts plus graves, car je suis du nombre de ceux qui, mettant la France au-dessus de tous les partis, ont d'abord espéré que le gouvernement de la défense nationale et plus spécialement M. le Ministre de la guerre, contribueraient à la délivrer de l'invasion ennemie. C'était, je l'avoue, une confiance débonnaire, voisine de la crédulité, car M. le Ministre de la guerre n'avait jusqu'alors fait preuve que d'audace politique, à l'occasion du procès Baudin, dont il a si habilement profité; et je ne pouvais interpréter comme acte de courage, un voyage en ballon, désagréable, il est vrai, aux gens nerveux, mais dont se donnent à grands frais le plaisir certains désœuvrés qui n'ont que ce moyen de s'élever, et auxquels on ne songe pas à ériger des statues. On pouvait encore arguer qu'il s'était posé en *irréconciliable* envers le pouvoir, et votait systématiquement, même contre les réformes les plus avantageuses. Mais si M. Gambetta détestait les hommes qui ont en main le pouvoir, il n'en est pas ainsi à l'égard du pouvoir lui-même, comme il ne l'a que trop prouvé pendant sa dictature à Tours et à Bordeaux.

Au lieu de faire acte d'un patriotisme désintéressé, en partageant avec des gens compétents une responsabilité qui l'écrasait; au lieu de constituer ainsi un comité de défense vraiment national, éclairé et répondant à tous les besoins, qu'on aurait accueilli comme une espérance de salut pour la France, il a centralisé le pouvoir militaire dans ses mains qui ne connaissaient que le glaive de la justice, constitué des comités de défense entièrement étrangers à l'art de la guerre, nommé à des commandements importants des individus incapables et même dépourvus de toute connaissance militaire, enlevé à leurs travaux utiles les ouvriers des villes et des campagnes, dont il prétendait faire des armées et qui n'étaient que des multitudes auxquelles manquaient l'armement, les munitions, les vêtements, la nourriture, etc.

Les générations futures qui liront l'histoire de cette déplorable époque, apprenant qu'alors la France a laissé son épée entre les mains d'un avocat, qui a pu librement et arbitrairement en disposer, penseront qu'elle était en démence et avait besoin d'être châtiée : *quos vult perdere Deus dementat prius!* Non, les Français n'avaient pas perdu la raison. Une fraction seulement était égarée, et l'immense majorité était captive ou faisait face à l'ennemi dont l'expulsion absorbait toutes les volontés. Les combattants auraient craint, en suscitant des troubles intérieurs, d'amoindrir la défense déjà si incomplète, et d'ajouter au péril de la mère-patrie.

Ces réflexions et beaucoup d'autres, toutes imprégnées de deuil, occupèrent mon esprit et mon cœur jusqu'à la rentrée de l'ambulance à Dijon, dans la soirée du 2 mars 1871.

Le nombre de ses membres était moindre que lors de son départ pour l'armée de la Loire, parce qu'en traversant Dijon pour nous rendre à celle de l'Est, nous y avions maintenu en convalescence notre infirmier-chef, M. Guillot, et nous étions séparés de notre infirmier sous-chef, M. Valby, qui éprouvait une profonde altération dans sa santé. De plus, le sous-aide major Grémillon avait pris du service parmi les chirurgiens soldés des troupes garibaldiennes, sans prévenir le comité central de la société de secours aux blessés, ni le chirurgien en chef de l'ambulance de la Côte-d'Or. Je regrette cet entraînement auquel ne l'avait préparé aucun procédé désobligeant, et je souhaite

> Qu'il ait revu sa Normandie,
> C'est le pays auquel il doit le jour.

Si la conclusion de la paix a mis fin à l'existence officielle de l'ambulance et motivé la dispersion de ses membres, sa mission n'est pas terminée et restera permanente.

Oui, mes chers camarades, mes jeunes amis, je n'hésite pas à en prendre l'engagement, en me rappelant combien votre moralité, votre intelligence, votre amour de la science, votre zèle et votre charité m'ont donné de satisfaction, et rendu facile et douce la direction de l'ambulance. Votre fraternité, née de la bienfaisance, se perpétuera en elle. Le souvenir de l'appui et des sympathies que vous avez rencontrées dans votre mission, entretiendra dans vos âmes une généreuse émulation. Médecins, vous soignerez avec désintéressement les victimes de cette guerre féconde en ruines; pharmaciens, vous en fournirez gratuitement les moyens ; avocats ou magistrats, vous défendrez avec l'éloquence plus persuasive qui naît du cœur, la cause et les intérêts des veuves et des orphelins de ceux qui ont donné généreusement leur vie ; et vous, prêtres, dont l'existence n'est que l'apostolat de la charité sous toutes les formes, vous vous souviendrez avec nous, et plus que nous, avec quelle fraternité nous ont accueillis de pauvres curés de campagne.

C'est ainsi que nous contribuerons à cicatriser les plaies de notre patrie, et que nous consolerons nos morts, en protégeant, au souvenir de leur glorieux trépas, leurs familles, leurs veuves, leurs orphelins, et toutes les victimes d'une guerre qui a épuisé, ensanglanté et mutilé la France.

EPILOGUE

Peu de jours après les adieux de l'ambulance, je fus mandé à Beaune, où mon attention fut attirée par une photographie exposée à la devanture d'un magasin. Elle représentait trois personnages vêtus d'une longue chemise de condamné, et attachés chacun à un pilori. Autour d'eux se pressaient des femmes qui leur montraient leurs nourriçons en réclamant leurs époux, et des enfants qui demandaient leurs pères. Derrière ces veuves et ces orphelins, des morts étaient confusément mêlés à des blessés appartenant à des nations différentes, qui se pressaient réciproquement les mains, en fraternisant au nom des peuples, avec le regret de s'être battus pour assouvir l'ambition ou la vengeance des potentats. Dans le lointain, on voyait des tourbillons de fumée s'élever au-dessus des habitations incendiées. Au bas, une sinistre inscription :

LES TROIS MAUDITS.

Oui, malédiction ! murmurai-je, en m'éloignant, sur ce souverain enhardi par l'impunité et le succès de ses témérités, qui a follement précipité la France dans une guerre lamentable ; mais surtout malédiction sur ce roi et son ministre, tous deux implacables, qui après avoir prétendu ne faire la guerre qu'à l'empire, ont obligé la France à la continuer pour sauver son honneur. Pourquoi me rappellent-ils ces hommes de la populace, qui après avoir maîtrisé leur adversaire, le frappent jusqu'à ce qu'ils l'aient couvert de blessures et laissé sans connaissance, puis ajoutent à leur hideuse et sauvage vengeance, en frappant du talon de leur chaussure le visage de leur victime, *mais s'éloignent sans la dépouiller !* Nos vainqueurs ont imprégné de sang et couvert de ruines le sol de la France, l'ont pillée avec une rapacité qui sera leur honte éternelle, et n'ont cessé de s'acharner sur elle, qu'après lui avoir imposé des conditions si dures, qu'elles ne pouvaient être dépassées, sans provoquer une lutte désespérée et mortelle pour l'un ou l'autre peuple.

N'y avait-il donc pas pour le monarque vainqueur un rôle plus magnanime qui aurait fait bénir son nom, illustré sa mémoire, et assuré pour longtemps la félicité de l'Allemagne en contribuant à celle de la France? Si, après la capitulation de Sedan, le roi de Prusse offrant une paix honorable, eût respecté le territoire français, et se fût contenté de recouvrer la gloire que lui avait enlevée le premier empire, et de réclamer une large compensation pécuniaire, il aurait fondé et cimenté entre les deux nations ennemies une amitié durable, puisqu'elle aurait été basée sur la reconnaissance et la loyauté de la France. Elevé par le rang, mais sans grandeur morale, le roi de Prusse, fidèle aux maximes astucieuses de Machiavel, a préféré épuiser les trésors de la France et la mutiler, afin de la mettre dans l'impuissance prolongée de venger sa défaite et de reconquérir ses provinces. C'est là un crime de lèse-humanité, car il a attaché à notre flanc le vautour de Prométhée, qui ne cessera de nous provoquer à une guerre, non de vengeance, mais de réhabilitation et de revendication, dont la victoire devra être la condition indispensable pour retrouver notre gloire, reprendre nos provinces, et même assurer notre existence.

La France ayant le droit pour elle, j'ai confiance dans son triomphe. Mais elle ne devra pas en abuser comme son barbare vainqueur, en organisant le pillage, l'incendie et la ruine. Elle se montrera digne de porter le drapeau de la civilisation, elle sera généreuse dans la lutte et après la victoire, elle ménagera surtout les pauvres habitants des campagnes innocents de la guerre qui leur apporte la dévastation, et n'implantera pas dans le cœur des vaincus les sentiments de haine et de vengeance qui ont pour résultat de perpétuer la guerre. Afin de vaincre son redoutable ennemi, il est indispensable qu'elle se prépare à une lutte acharnée, et à ce sujet, je crois encore opportun d'évoquer les conseils adressés par Démosthène aux Athéniens, qui nous ont légué leurs qualités et leurs défauts.

« Votre extrême négligence, ô Athéniens! « (lisez : *Français*) a produit vos malheurs..... si « vous veillez, il n'est point de péril pour vous, « et si chaque citoyen ne se berce plus de l'espoir « que, dans son oisiveté, le voisin fera tout pour « lui, alors, Dieu aidant, vous recouvrerez vos « provinces.

« Si nous restons dans nos foyers, oisifs audi- « teurs d'avocats qui s'accusent et se déchirent à « l'envi, jamais nous n'exécuterons une seule « mesure nécessaire. Rappelons-nous que Phi- « lippe (lisez : *Guillaume*) ne combine pas ses « desseins de manière à les laisser pénétrer par

« nos sots, c'est-à-dire nos nouvellistes (lisez :
« *Journalistes*).

« Ne l'oubliez pas, Athéniens : un décret n'est
« rien sans une ferme volonté de lui obéir.

« Hélas ! vous avez perdu votre temps à ter-
« giverser, à espérer que d'autres feraient votre
« devoir, à vous dénoncer mutuellement, à vous
« condamner, à ressusciter vos chimères, comme
« vous faites encore aujourd'hui. O comble de
« folie ! par cette conduite qui a renversé
« Athènes florissante, vous vous flattez de rele-
« ver Athènes abattue.

« Si, vous arrachant à vos mœurs avilissantes,
« vous vouliez reprendre vos armes, les porter
« d'une manière digne de vous, employer les
« ressources intérieures à reconquérir au dehors
« vos possessions, peut-être, citoyens d'Athènes,
« remporteriez-vous un grand et décisif avan-
« tage ?

« Si vous aviez comploté, vos orateurs et vous,
« pour proposer, pour voter les mesures les plus
« funestes, je croirais impossible de mieux orga-
« niser la ruine de la République. Plusieurs
« causes ont concouru à ce résultat, mais la prin-
« cipale, vous la trouverez dans les orateurs plus
« jaloux d'être vos courtisans que vos sages con-
« seillers.

« Si cependant, vous consentez à écouter des

« conseils utiles et sans flatterie, malgré le funeste état de vos affaires, malgré tant de pertes « causées par la négligence, avec la volonté de « remplir votre devoir, il en est temps encore, « tout sera bientôt réparé. Chose étrange et qui « n'en est pas moins vraie! l'excès de vos « malheurs passés est le meilleur motif d'espoir « pour l'avenir. Jusqu'à présent Philippe n'a « triomphé que de votre paresse et de votre insouciance, il n'a pas triomphé d'Athènes. »

Que puis-je dire après l'illustre orateur, sans m'exposer à être taxé de présomption, sinon que lorsque le navire est en péril, le plus humble mousse a pour devoir de contribuer à le sauver, et s'il ne dirige pas les manœuvres, de les exécuter et de crier *au secours*. J'élève donc la voix pour dire, que la France ne peut se régénérer et se relever, qu'en se moralisant dans le sentiment religieux, en se fortifiant dans le travail, et en se perfectionnant dans une bienfaisante solidarité. Que tous les hommes d'ordre protestent énergiquement contre le mal au lieu de l'encourager par leur silence, et surtout qu'ils donnent le salutaire exemple du bien! Que la littérature, sous toutes ses formes, ait pour but notre régénération morale! Que les honnêtes femmes s'attachent à relever les caractères, et à les rendre plus virils, au lieu de les efféminer! Si elles lisaient Juvénal, elles rougiraient et gémiraient de leur ressemblance avec ces Romaines, dont la frivolité a contribué à la décadence et à la chute de la Rome ancienne. Non, ne désespérons pas de notre pays où existent tant de grands cœurs, tant d'âmes élevées, ainsi que nos *souvenirs intimes* en renferment les preuves consolantes.

Beaucoup de sophistes associent leurs efforts pour bannir Dieu des âmes, et n'ont que trop réussi, car c'est la plaie qui nous menace de mort. Or, sans l'idée de Dieu, que devient la conscience ? Et si la conscience n'existe pas, où prendront naissance et se retremperont toutes les idées de devoir, nécessaires à l'ordre et au bien-être des sociétés ? Interrogez les personnes qui ont traversé, ainsi que moi, une période d'incrédulité avant de revenir à la foi, elles vous répondront combien, dans le premier cas, la morale est élastique, facile, et dangereuse pour l'ordre social, tandis que le second impose envers soi-même et à l'égard du prochain, des devoirs qui profitent à tous.

Les deux plus importants sont le travail et l'absence d'égoïsme ; et, chose remarquable, leur accomplissement est en même temps la source la plus pure et la plus efficace de bien-être corporel et de jouissances morales pour les individus, et la condition la plus essentielle à la prospérité et au bonheur des sociétés. On dit avec raison que l'oisiveté est un crime social et la mère de tous les vices ; on peut également assurer que le travail est générateur des vertus, et j'ajouterai, comme médecin, qu'il importe à la santé. Il nous arrive fréquemment d'être consultés par des militaires qui ont brisé prématurément leur épée, ou par des industriels ou négociants qui se sont trop hâtés d'abandonner leurs travaux, source d'une fortune dont ils étaient pressés de jouir, et qui n'ont abouti, les uns et les autres, qu'à la démence et à la paralysie générale, ou au dégoût de la vie. Un exemple de la déplorable influence exercée sur la santé par la succession de l'oisiveté à une vie active, m'est fourni par un célèbre chirurgien, Astley Cooper, le Dupuytren de l'Angleterre. Ayant acquis, dans le pays des lords opulents et des riches nababs, une fortune colossale, il voulut jouir du repos dans une terre où se trouvaient accumulées toutes les magnificences de la campagne. Mais alors adieu aux émotions palpitantes de la pratique chirurgicale, et aux douces joies d'une vie féconde en bienfaits. De là résultèrent des troubles si profonds dans sa santé, que lorsqu'il revint à Londres après quelques mois d'absence, il semblait entrer en convalescence d'une longue et grave maladie. Comme ses amis s'étonnaient qu'il se fût ennuyé dans une campagne dont faisait partie un parc splendide : — « Savez-« vous, répondit-il, ce que je faisais dans mon « parc? J'y cherchais l'arbre auquel je pourrai « me pendre. » Ce fut en vain qu'il tenta de guérir en reprenant une existence active, le mal avait jeté de trop profondes racines, et il ne tarda pas à succomber.

A côté du travail et même au-dessus de ce devoir, je n'hésite pas à placer l'absence d'égoïsme, la solidarité humaine que le christianisme a si bien caractérisée par les mots *amour du prochain*, en lui donnant pour base cette belle maxime : *Faire aux autres ce que vous voudriez qu'on vous fît à vous-même.* Si l'application en était générale, l'harmonie des cœurs s'imposerait aux esprits, et les partis politiques disparaîtraient, car la forme du gouvernement importe peu à ceux qui recherchent l'occasion d'obliger, et évitent celle de nuire.

Puisque la réalisation de cette utopie semble impossible, on peut tenter du moins de s'en rapprocher, et dans ce but il importe de diriger les individus dans cette voie, dès les premières années de leur existence. C'est ce qu'on n'a pas tenté jusqu'à ce jour ; chacun peut se rappeler que l'éducation de l'enfance et de l'adolescence a pour résultat de développer l'égoïsme, car au lieu de mettre en relief le sentiment du devoir envers la société, on excite l'émulation en faisant appel à la vanité et à l'intérêt personnel. Lorsque le collégien se livre à l'étude, il ne se propose que de conquérir des prix, et même sa précoce ambition lui fait prévoir, que ses succès classiques le recommanderont durant sa vie publique. Aussi, ne doit-on pas être étonné, si les progrès de l'âge ne font qu'ajouter à cet égoïsme qui se traduit sous toutes les formes, et tend à bannir des habitudes sociales la déférence pour la vieillesse, les égards respectueux pour les personnes du sexe féminin, et la considération pour les supériorités intellectuelles et sociales. N'est-ce pas à l'égoïsme qu'on doit attribuer la dangereuse abstention d'un grand nombre de citoyens, dont les votes importent cependant au plus haut degré à l'ordre public ? C'est encore d'égoïsme que se rendent coupables ceux qui irritent le pauvre, en négligeant de lui venir en aide avec leur superflu. Ah ! si l'on connaissait les joies vives et pures et le bien-être intime dont la bienfaisance est la source féconde, on se passionnerait pour elles. Douce passion qu'on peut toujours satisfaire sans redouter d'amères déceptions ! sacrifice personnel qui trouve en lui-même sa récompense, ainsi que je puis en offrir un témoignage.

Un homme dont la bienfaisance ou plutôt la charité a été si édifiante que l'Eglise l'a placé sur ses autels, et si imposante que les libres-penseurs respectent sa mémoire; saint Vincent de Paul assistant à son lit de mort l'une de ses filles de la Charité, et remarquant qu'elle était agitée, lui dit :

— « Ma fille, je suis auprès de vous pour vous « venir en aide durant votre passage à l'éternité, « confiez-moi vos inquiétudes afin que je les « dissipe, et que votre âme puisse arriver sereine « aux pieds de Dieu. »

— « Mon père, répondit-elle d'une voix éteinte « par la mort qui l'envahissait, *c'est que je me « reproche d'avoir pris trop de plaisir à servir « les pauvres.* »

BIBLIOTHÈQUE NATIONALE R.F. IMPRIMÉS

TABLE

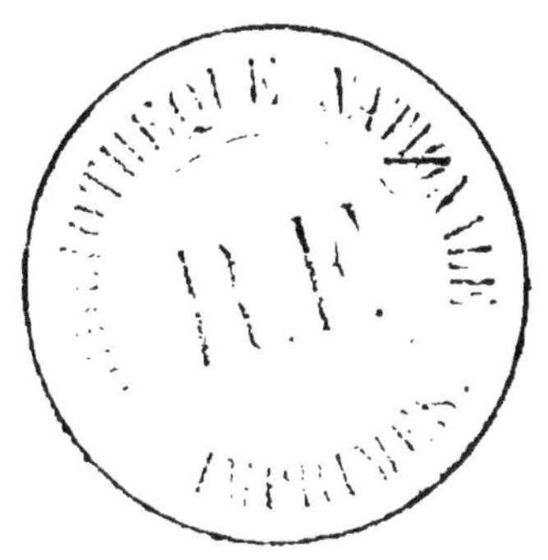

Dijon, imp. J. Marchand, rue Bassano, 12.

BIBLIOTHEQUE NATIONALE DE FRANCE
3 7502 04202416 8